卖家精灵推荐用书

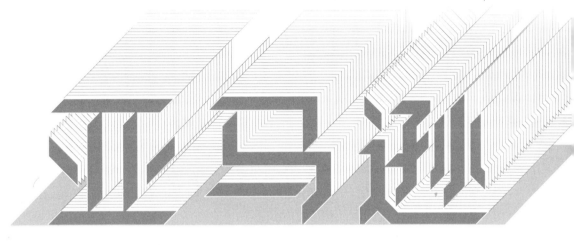

亚马逊

跨境电商运营实操
从入门到精通

白龙 ◎ 著

北京大学出版社

PEKING UNIVERSITY PRESS

内 容 提 要

本书从亚马逊电商运营的基础知识开始讲起,逐步深入亚马逊电商运营核心知识点,最后结合实战案例,重点介绍亚马逊电商运营产品的选品方法、前期准备工作,以及广告推广策略。读者能系统、全面地了解亚马逊电商运营的相关知识。

本书分为13章,主要内容有:什么样的人适合做亚马逊电商运营;如何成为亚马逊卖家;认识亚马逊前台;7分靠选品,3分靠运营;产品如何上架;亚马逊的发货模式;认识亚马逊后台;亚马逊的基本运营;亚马逊的"跟卖"规则;亚马逊站内PPC广告玩法;亚马逊的站内促销;亚马逊的站外流量;亚马逊的运营玩法。重点章节为"7分靠选品,3分靠运营"以及"产品如何上架"和"亚马逊的PPC广告玩法"。

本书简单易懂,实战性强。适合亚马逊电商运营入门新手和进阶卖家阅读,也适合公司培训亚马逊员工及亚马逊电商运营爱好者阅读。另外,本书还可作为相关培训机构的教材。

图书在版编目(CIP)数据

亚马逊跨境电商运营实操从入门到精通 / 白龙著. — 北京:北京大学出版社,2022.3

ISBN 978-7-301-32886-6

Ⅰ.①亚… Ⅱ.①白… Ⅲ.①电子商务—商业企业管理—美国 Ⅳ.①F737.124.6

中国版本图书馆CIP数据核字(2022)第032953号

书　　　名	亚马逊跨境电商运营实操从入门到精通
	YAMAXUN KUAJING DIANSHANG YUNYING SHICAO CONG RUMEN DAO JINGTONG
著作责任者	白龙　著
责任编辑	张云静　吴秀川
标准书号	ISBN 978-7-301-32886-6
出版发行	北京大学出版社
地　　　址	北京市海淀区成府路205号　100871
网　　　址	http://www.pup.cn　　新浪微博:@北京大学出版社
电子邮箱	编辑部 zpup@pup.cn　　总编室 zpup@pup.cn
电　　　话	邮购部 010-62752015　发行部 010-62750672　编辑部 010-62570390
印 刷 者	北京宏伟双华印刷有限公司
经 销 者	新华书店
	787毫米×1092毫米　16开本　16印张　280千字
	2022年3月第1版　2024年5月第4次印刷
印　　　数	9001—12000册
定　　　价	59.00 元

未经许可,不得以任何方式复制或抄袭本书之部分或全部内容。
版权所有,侵权必究
举报电话:010-62752024　电子邮箱:fd@pup.cn
图书如有印装质量问题,请与出版部联系。电话:010-62756370

推荐序

记得我在南开读研时,自学 Java,当时买了一本业内大咖级图书 *Core Java*,反复看了近半年,一直云里雾里,后来无意中读到的一本入门级图书 *Java How to Program*,让我在一个月内豁然开朗。

由此我悟出一个道理:学习时,一定要找匹配自己当前能力和需求的书。

对于想进入亚马逊的从业者,如果以前没有做跨境电商的经验,比如在国内做电商三年以内卖家,那么这本书就特别适合你。它不是一本操作手册(桌边书),而是入行指南(枕边书)。

本书会告诉你,亚马逊是否适合你,该怎样入驻亚马逊,以及在亚马逊如何选品、上架、发货、引流、运营,包括运营过程中的各种风险和解决方案。

即使你只想了解一种新平台,那么这本书也适合你,因为它不会纠缠于各种运营操作细节,而是针对该平台的典型问题剖析解决方案。

作为一位电商从业者,要想走得更远,一定要熟悉各种平台,洞察各种平台的共性和差异,因为只有广博才能精深。

进入一个新平台,一定要理解平台的规则(平台文化),亚马逊有很多平台规则和国内电商不同,谈不上优劣。

亚马逊最独特的几个规则如下。

1. 重产品轻店铺。一种产品只能有一个 Listing(商品详细页),并且 Listing 所有权属于平台,平台不允许重复铺货。

优点是每一个新品的打造都是从零起步，不会像淘宝皇冠店铺那样信用继承。但带来的问题是，永远都有赶不走的跟卖（蹭流量）。

因为店铺权重很低，以及为了规避风险，造成多店铺运营在亚马逊是常态。

2. 重算法轻运营。亚马逊的流量都是算法分配，在亚马逊你看不到活动banner，也不允许商品描述里面有活动相关的语句，它永远都是那样冷淡，这和国内电商的热闹景象有天渊之别。它不会让你疲于应付各种活动，设计各种banner图。在亚马逊10人1年做1亿元销售额不是新鲜事，在其他平台你试试，单客服就得整一个部门！

但算法带来的问题就是莫名其妙地触发审查和下架，无形中增加了卖家重复开店的操作。

当你在一个电商平台经营久了，迟早会进入滞涨期，这时，你肯定会想到拓展其他平台。但进入其他平台的最佳时期，肯定不是在它的成熟期，而是红利期，也就是快速上升期。

一个平台刚进入大众视野时，怎么判断它的成长性呢？

媒体行业发展的内在逻辑，就是信息密度和传播效率。所以博客进化到了微博，图文进化到了短视频，国内国外都如此。

对于电商平台，像亚马逊这种货架电商，也会进化到 TikTok 这种兴趣电商，因为人、货、场的匹配效率更高了。像传统电商的比价、头部垄断等问题，在兴趣电商里面天然就不存在。

传统电商有一个心照不宣的普遍行为：刷单，无论国内还是国外。这是货架电商与生俱来的顽疾：冷启动时的流量和转化问题。

虽然亚马逊以及国内淘宝，都会给新品推送一波流量，但这还不够，因为用户的购买决策中，用户评价占比太高。如果产品的可信度（预期质量）主要取决于他人投票，那么这个问题就是无解的，无论平台怎么打击刷单。

你看，兴趣电商和直播电商天然就没有这个问题。

任何平台都有流量枯竭、不够分的时候，所以零售的逻辑就是不断寻找新的流量红利。对于亚马逊，当流量红利越来越薄的时候，竞争从增量市场转向了存量市场。在存量市场，竞争的就是产品（单品制胜）的研发能力，以及产品背后的供应链。所以，亚马逊最适合国内品牌型、工厂型卖家。

亚马逊发展到什么阶段，可以对照国内淘宝，而淘宝的红利可以关注淘宝联盟的分佣政策。因为淘宝给联盟的分佣，取决于淘宝感受到的市场威胁，淘宝最近几年的威胁，来自拼多多这类社交电商，以及抖音、快手这类兴趣电商和直播电商，淘宝快沦为其他流量平台的收银台了，它当然又会联合曾经被它抛弃的联盟大军。

从国内电商的发展趋势看，亚马逊现在还是有红利的，因为欧美其他效率更高的商品分发平台还没有发展起来，而 eBay、Wish 等同类平台流量基本见顶了（参考 SimilarWeb），并且没有亚马逊这样健康的生态和平台规则。

以前，社交流量、媒体流量、电商流量三流分立，现在都融合了，这种融合的本质是场景的融合（关系消费、内容消费和商品消费在同一个时空），以前没想到抖音里会卖货，现在，抖音很快就可以订外卖了。

这个社会变化太快，唯一能够依靠的，就是认知提升。

恭喜你，在你的认知地图里，又加上了新的一站：亚马逊！

陈志武

卖家精灵创始人

随着全球化进程的不断推进,以及受到2021年世界范围疫情的影响,人们的网络购物习惯更加普遍。

如今物美价廉的中国制造在全世界的认可度越来越高,中国可以说是世界的工厂,有全世界最全的工业体系。在中国做跨境电商,有着比其他国家非常显著的优势,可以说中国人做跨境电商有着无与伦比的优越条件。

未来十年,跨境电商可以说是中国非常有前途的行业,它适应了历史的趋势、时代的召唤。可以说21世纪是中国的世纪,是中国带领世界在奔跑。随着中国国际地位的不断上升,一带一路倡议的不断落地,国际物流线路不断完善,跨境电商对于中国人来说是一个无限大的市场。因此,掌握跨境电商的运营思路与经验,可以让我们在这个时代浪潮之中踏浪而行。

现阶段,世界范围内的跨境电商平台有很多,但龙头老大还是亚马逊,其他所有电商平台的销售额之和,也只是亚马逊的零头。无论你入手的是哪一个跨境电商平台,最终的归宿大概率会做亚马逊。

在我身边有着越来越多的工薪阶层,通过做亚马逊跨境电商改变了生活,从原来一个月工资五六千元的工薪阶层,变成了每年营业额过百万、千万元的老板。在时代的风口上,只要你能比别人领先一步,那么生活也会领先一步。网络上很多人说,亚马逊已经这么多年了,红利期早就过了,现在做晚了。但是笔者要在这里告诉大家,现在做亚马逊跨境电商正逢其时。亚马逊从2013

年开始允许第三方入驻，到现在也就八年的时间。另外亚马逊很多后开的其他站点，如日本站是从 2016 年才开始允许第三方入驻的，所以说跟国内电商相比，亚马逊还是有着非常大的潜力可挖。

很多人说亚马逊不好做，原因在于亚马逊电商平台的规则、站点市场是随着时间不断变化的。最开始的时候，只要产品上架就能赚钱，但是随着平台越来越成熟，产品越来越丰富，需要具备一定的运营技术，才可以在亚马逊平台上游刃有余。对于一些吃老本儿、不思进取、粗放式运营的卖家来说，亚马逊电商确实会越来越难做。

■ 笔者的使用体会

笔者最先开始接触的电商平台是国内的淘宝。但是随着时间的推移，目前国内淘宝的卖家数已经有数百万家，竞争压力越来越大。仅仅广告推广成本就占到整体营业额的 20%。几年前，我已经预见到国内电商的这种发展情况，所以开始转行了解跨境电商。目前亚马逊美国站广告成本只占总体销售额的 6%~8%，同时卖家数只有几十万家，而亚马逊美国站的体量跟中国淘宝的体量是相同的，所以对卖家来说利润上了一个数量级。

在实际运营过程中，运营一个亚马逊店铺所需要的人也比国内淘宝少，因此在人力投入方面，也有着比较大的优势。在电商平台人力投入当中，客服人员占到很大的比重，但是亚马逊的买家卖家沟通机制不是即时聊天，而是通过邮件，卖家只要在 24 小时之内回复就可以了，甚至有的产品基本很少有买家联系卖家。因此客服人员比国内或者其他跨境电商平台要少很多，甚至不需要设置客服岗位。

■ 这本书的特色

本书针对 2021 年亚马逊最新政策，调整了运营内容知识，是引领亚马逊新手入门的书籍。从新手将要做亚马逊电商开始，按照正常推广产品的顺序设置章节，并对一些难理解的部分进行了详细说明，可以让没有接触过亚马逊的读者系统了解亚马逊运营的基础操作。

前 言

■ 赠送资源

　　本书赠送视频教学资源，帮助读者快速掌握书中技巧，学以致用。读者可用手机微信扫描下方任意二维码关注公众号，输入代码65447，获取下载地址及密码。

■ 这本书包括什么内容

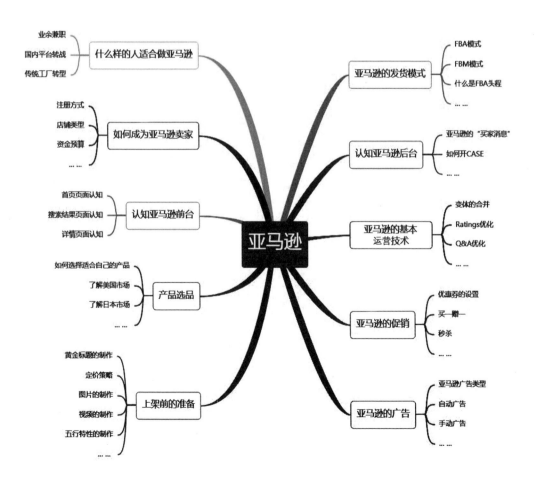

■ 本书读者对象

- 亚马逊电商初学者
- 电子商务专业学生
- 国内电商平台转战亚马逊的从业人员
- 各亚马逊相关公司需要培训的新员工
- 需要亚马逊电商入门工具书的人员
- 其他对亚马逊跨境电商有兴趣爱好的各类人员

第1章	什么样的人适合做亚马逊	001
1.1	业余兼职卖家	001
1.2	国内平台转亚马逊	002
1.3	传统工厂转亚马逊	004

第2章	如何成为亚马逊卖家	009
2.1	卖家的注册方式	011
2.2	卖家账户注册流程	013
2.3	账号销售类型	023
2.4	亚马逊卖家的店铺模式	025
2.5	亚马逊店铺的资金预算	027
2.6	亚马逊店铺的收款	028
2.7	亚马逊店铺的风险	031

第3章	认识亚马逊前台	038
3.1	首页界面认知	038
3.2	搜索结果页面认知	040
3.3	产品详情页面认知	047

第4章	7分靠选品，3分靠运营	061
4.1	如何选择适合自己的产品	061
4.2	新手选品基础方法	063
4.3	多平台跟款法	072
4.4	数据化选品法	074
4.5	国外社交媒体选品法	089

第5章 产品如何上架   092

  5.1 黄金标题的制作   092
  5.2 五行特性的制作   097
  5.3 定价策略   099
  5.4 正文描述的制作   100
  5.5 主图的制作   103
  5.6 后台关键词   107
  5.7 A+ 页面   110
  5.8 产品视频的制作   114
  5.9 单品上传的方法   118
  5.10 变体上传的方法   125
  5.11 批量上传的方法   126

第6章 亚马逊的发货模式   127

  6.1 什么是 FBA   127
  6.2 FBA 的优势   127
  6.3 FBA 的劣势   128
  6.4 亚马逊 FBA 头程   130
  6.5 亚马逊 FBA 尾程   131
  6.6 FBA 发货前的准备工作   133
  6.7 FBA 如何发货   136
  6.8 海外仓   145
  6.9 自发货 FBM 模式   146

第7章 认识亚马逊的后台   150

  7.1 十二个后台选项卡   150
  7.2 如何使用"买家消息"功能   159
  7.3 如何开 case   162
  7.4 卖家后台"设置"详解   165

第8章 如何使用亚马逊的基本运营技术   172

   8.1 Listing 运营技巧   172

   8.2 Ratings 优化   176

   8.3 Q&A 优化   180

   8.4 常见的认证与审核   181

   8.5 Feedback 优化   184

第9章 亚马逊独特"跟卖"规则   185

   9.1 什么是跟卖   185

   9.2 跟卖的好处   185

   9.3 被跟卖的后果   186

   9.4 跟卖的基本流程   187

   9.5 如何赶走跟卖   188

   9.6 如何预防跟卖   192

   9.7 品牌备案流程   193

   9.8 自我跟卖的用法   194

第10章 亚马逊站内PPC广告玩法   195

   10.1 广告类型   195

   10.2 商品推广   195

   10.3 品牌推广广告   205

   10.4 展示型推广广告   206

   10.5 广告数据报告   208

   10.6 新品期的广告方法   210

   10.7 推广期的广告方法   210

   10.8 成熟期的广告方法   211

第11章 亚马逊的站内促销   212

   11.1 秒杀   212

11.2 优惠券（Coupons） 213

11.3 Prime 专享折扣 216

11.4 管理促销 217

第12章 亚马逊的站外流量 221

12.1 海外版抖音（Tiktok） 221

12.2 Deal 222

12.3 Facebook 224

12.4 Instagram 225

12.5 YouTube 225

12.6 Twitter 226

第13章 亚马逊运营玩法 227

13.1 不同价位产品的运营思路 227

13.2 打造爆款的 3 条原则 229

13.3 精细化运营的 4 个建议 230

13.4 常见的运营问题以及解决办法 231

附录 A 卖家精灵折扣优惠券 234

附录 B 亚马逊美国重点节日表 236

附录 C 亚马逊日本重点活动 237

附录 D 亚马逊前台，后台网址 239

附录 E 美国分类审核类目 240

附录 F 亚马逊常用名词解释 241

第1章 什么样的人适合做亚马逊

跨境电商越来越火,很多人开始关注跨境电商,特别是亚马逊平台。再加上疫情的原因,亚马逊平台又迎来了一次发展的契机。

目前有很多的新卖家涌入跨境亚马逊平台,但都是刚刚接触跨境电商行业的,如果没有行业老手去带领,他们的竞争力不大。还有一部分是从国内转型到亚马逊平台的,有一定的电商平台经验,这部分人掌握亚马逊平台规则之后,能迅速地进入状态。还有就是国内的传统贸易商转型做亚马逊平台的。

目前大部分的中国卖家,以沿海地区为主,特别是广东、福建、浙江的卖家居多。其他地区特别是内陆卖家比较少,但是疫情之后内陆卖家也渐渐多了起来。

1.1 业余兼职卖家

很多人刚开始做亚马逊电商的时候,因为对亚马逊的规则不了解,不敢孤注一掷全职去做,往往前期兼职去做,只是利用业余时间进行相关知识的学习和低成本运营,了解整个运营流程,这也是一个很好的方法。

1.1.1 个人卖家的类型

原来在电商平台上班的运营人员,经过几年的累积之后自己去创业做亚马逊。这些人前期很可能在工作期间就已经兼职开了自己的店铺,业余兼职去做。也有一部分是非电商的职工,认识到跨境平台这个机会之后,利用业余时间去做。我有很多现在全职做亚马逊的朋友,都是通过兼职做起来的,包括我本人也是这样做起来的。

还有就是一些宝妈(全职妈妈)在家里没有什么事,特别是曾经从事过电商运营或者是在外贸企业上班的女性,可以利用相关的行业经验更快地掌握亚马逊的一些运营知识,从而赚一些零花钱贴补家用。

1.1.2 个人卖家的选品

个人卖家无论运营经验、团队规模、资金实力都比较弱，因此在选品上尽量不要选择竞争压力比较大的红海市场，而是选一些利润不是那么高，团队看不上眼的一些市场，但是对于个人来说收入也是比较可观的。选择这样的蓝海市场，无论是资金压力还是竞争压力，对你的运营要求都不是那么高。

1.1.3 个人卖家的注意事项

前期刚刚接触亚马逊电商的时候，建议大家低成本入门，以熟悉整个流程为主，明白什么时间点该做什么。等整个流程都摸透摸清之后，再增加投入。如果没人带，亚马逊还是有很多坑，笔者当年刚刚接触亚马逊的时候，就走了不少弯路，交了很多学费。

即使如此，亚马逊也是个人创业的良好平台，每年都会有大批有电商梦的人踏入跨境电商的行列之中，而且也确实是有机会的。只要步步为营地去提升自己的能力，提高自己的产品质量，就算运营技术跟资金没有大卖家那么多，同样可以把亚马逊做起来。

1.2 国内平台转亚马逊

随着国内电商平台的竞争越来越白热化，利润点越来越低，很多有先见之明的国内卖家在寻找新的出路，亚马逊是一个大家都特别关注的方向。

1.2.1 转型卖家的选品

转型卖家一般在国内都有自己的主营类目，那么做亚马逊的时候，可以就做自己擅长的类目。甚至有的产品可以直接搬运到亚马逊，但是要注意这个产品在国外是不是有发明专利、外观专利、是不是涉及侵权的问题。如果产品是你自己研发的，最好在你所做站点的当地国进行商标注册。具体怎么去注册商标，我会在后面的章节讲到。

1.2.2 转型卖家的注意事项

首先，虽说都是电商平台，但是在规则上亚马逊跟国内电商平台还是有一些区别的，亚马逊的特点是重产品、重品牌、轻店铺。一些基本规则也不同，做亚马逊一定要提前了解其特有规则，不能套用国内的规则来去做。特别在物流 FBA（Fulfillment by Amazon，亚马逊物流）这一块要合理计算，因为跨境电商物流成本占了很大部分的投入比重，必须算对物流价格才能合理计算出利润。

其次，不能随便把产品卖到国外，有很多产品是不能出口的，或者是亚马逊禁止销售、限制销售的，要看你的产品是不是在这些限制当中，如果需要认证，就提前做好认证准备。

最后，因为中国的部分电商平台是柔性管理，但亚马逊是刚性管理，一些在国内常用的"黑科技"在亚马逊上是不能用的。在国内用了顶多是扣分，在亚马逊用了就直接封店，那么你之前的一切投入都打水漂了。

1.2.3　国内电商与亚马逊的区别

1. 推广方式

推广国内产品讲求的除了搜索流量、推荐流量，还有直播流量。站内推广方式有直通车、超级推荐、淘宝客等。而亚马逊也是以搜索流量为主，站内推广方式主要是搜索广告。而且亚马逊还可以直接在别人产品的详情页面推广自己的产品，这是亚马逊特有的规则。

2. 信息载体

国内电商是以店铺为载体，消费者容易跟店铺形成黏性，会带来很多的复购。而亚马逊是以品牌为载体，让消费者跟品牌形成黏性。所以说亚马逊是重产品、重品牌而轻店铺的，但是最近亚马逊也开始尝试重店铺化。

3. 平台参与度

国内大部分电商平台，只是作为平台，但是亚马逊不仅为大家搭建了一个平台，它自己也作为卖家参与其中，有"by Amazon"标志的 Listing 就是亚马逊自营的产品，总体来看亚马逊自营是亚马逊中最大的卖家。

4. 买家互动

在亚马逊平台买东西跟国内平台很大不同的一点是跟客户的互动较少，没有即时聊天工具，所以做亚马逊对客服数量要求比较少。买家的信息在 24 小时之内通过邮件回复就可以。

国内电商可以看到下单买家详细信息，通过信息可以把客户加到微信，变成自己的私域流量，形成黏性，降低自己以后运营的推广费用。但是亚马逊买家信息较少，卖家不能直接联系到买家，只能通过邮件联系。

5. 评论体系

对于评价管理这方面，国内的管理相对比较松，亚马逊相对来说比较严格，一旦发现违规就是封店处理。因此建议新手不要做一些违规操作，特别是亚马逊店铺前三个月是有监控的。

亚马逊平台有官方的评论功能，只要给官方交一定的钱，官方会帮你寻找真实买家进行评论。这个功能一个是早期评论人，一个是 Vine，但是早期评论人在 2021 年 3 月份通知取消了。

亚马逊还有一个直评功能，没有购买过产品的买家只要达到了亚马逊要求的资格，也可以在产品下留评论，这在国内平台是没有的，也是亚马逊特有的。

1.3 传统工厂转亚马逊

随着电商时代的到来，传统工厂如果不寻求突破，就会逐渐被时代所抛弃。无论传统工厂要不要做电商平台，都要具备一定的电商思维方式，这样在社会发展中才不会被淘汰。

1.3.1 传统工厂转型注意事项

传统工厂转型最大的问题就是思路问题，传统工厂很难有电商的思维方式，其考虑问题跟电商考虑问题的思维角度是完全不一样的。电商主要是零售为主，而传统外贸工厂主要是 B to B 的模式，都是工厂对工厂批量走货。特别是有些工厂是完全按照他的客户要求去订制、定制，对于市场需求的把握比较薄弱。

首先，要看你的产品适合不适合亚马逊平台。例如，一些对于售后要求比较高的产品就不适合。

其次，建议传统企业转型后，要搭建专门的电商团队并跟原有的外贸团队脱离开。电商的节奏跟传统工厂的节奏是不一样的，防止两个团队之间形成干扰。

最后，生产模式要改变。前期要少批量生产，去测一下市场的反应，如果市场反应好，再进行下一步的生产计划。如果按照传统方式大批量生产，那很可能造成产品积压。

1.3.2 传统工厂转型的思路

传统工厂如果在跨境电商的浪潮之中想切入，也不一定非得自己去做亚马逊平台。另外一个思路是加入跨境电商的圈子当中，成为跨境电商卖家的供应商，根据他们的需求提供相应的服务。当你的工厂具备了跨境电商思维，适应了跨境电商节奏的时候，再考虑自己直接运营亚马逊店铺。

案例故事 ❶

伟远，中国东莞的一家生产家具的小工厂，2018年收入800万元，2019年收入1200万元。

伟远家具工厂具备很多工厂的特点。

老板很会做人，跟客户永远是笑脸相迎。交货期前期一定是答应客户准时完成，而实际交货总是拖后一周。没有订单的时候，工人又很闲，还要养着这些人。被客户拖着不给的货款，好不容易要回来些钱，转眼就要花出去。

伟远老板黄总今年36岁，他28岁开始出来创业，从一间小小的屋子，跟朋友一起代加工家具五金件，发展到现在几千平米的生产车间，一路走来，酸甜苦辣都尝过了。

生意人都有自己的烦恼。

伟远在收款上总是被客户卡脖子，又有些客户总是打样却不拿大货。黄总想改变自己工厂处于产品线下游的位置，也想去销售端开拓自己的渠道。于是2019年决定做跨境电商。

公司员工小王，年纪轻，思维灵活，黄老板感觉他可以胜任这个工作，于是让他开始做亚马逊运营。黄总的工厂是代加工工厂，没有自己的核心产品。于是就用现有的一些通货产品在亚马逊去做推广。

两个月过去了，店铺还卡在上传产品阶段，小王虽然年轻，接受新事物能力强，但是做亚马逊电商没有专业的人士带，还是很难入门的。黄老板开始在市场上招聘一些有经验的运营，面试了几轮总是感觉没有合适的。

转型总是困难的，最终黄总高价从大公司挖来一个运营主管，让主管放手去做。但是在选品上两人出现了分歧，黄总不懂电商，但是有着多年制造生产国内家具的经验。运营主管建议从数据出发选品，而不是凭借经验。

投入，投入，再投入。黄老板钱花得心疼，可是也没有见成效。

方向不对，努力白费。

工厂的生产还是按照以前的节奏，产品的研发生产环节大大拉长了运营准备的时间。

运营主管也觉得做着没什么意思，事情自己拿不了主意，而且没有销量又没有提成。

三个月的时间过去了，生产成本加上各项支出花了50万，但是一共没有卖出去几单，运营主管也提出离职。黄总很是苦恼，自己大力支持跨境部门，在资金上也没有断过，为什么做不起来呢？

黄老板开转变思维，自己主动地去学习亚马逊知识。一次在深圳的线下交流会休息期间，黄老板找到了我。

黄老板："白龙老师，我们招的运营不行，要不你过来跟我们合作吧。"

黄老板："我们的员工不懂运营，招来的人又不好管理。"

白龙："黄总，不是我不来，是有些东西没通，就算我来了也一样的，问题出在你这。"

经过几天的交流，黄老板改变了策略，不仅自己开始学起亚马逊运营，了解电商思维，也改变内贸的经验枷锁，了解美国人的需求，同时有意识地从给亚马逊卖家供货开始慢慢培养自己对产品的感官能力。并且也有意识地调整生产安排，以适应外贸电商的节奏。

后来，仍然是用自己公司的小王继续做跨境电商的运营。但是把他放到我这里进行了为期一个月的集中培训，基础扫盲后，才正式上岗。在后续出现解决不了的问题的时候，也及时跟我们团队沟通。

公司内部，让生产部门把跨境团队看成客户，跨境团队也不仅仅只用自己家的货源，老板亲自协调其中的关键点。

一年之后，正赶上新冠肺炎疫情，工厂下半年有大量的外贸订单。同时自己的亚马逊店铺也稳步上升，2020年底盘算，这一年在亚马逊做了50万美元营业额，也算是初步进入了亚马逊这条轨道。

思考1：生产企业怎样转型做跨境电商？

提示：生产企业做跨境电商，首先要考虑自己工厂的实际情况。内贸型企业转行做跨境，可能对国外的产品认知有差别，要找到国内产品跟外贸产品的差别在哪里。纯生产企业转行做亚马逊要转变自己的思路，从B2B的大批量生产模式转变成B2C零售模式。最重要的一点，传统企业一定要转变自己的思维方式，要具备电商数据思维。

思考2：做亚马逊投入越多越有效果吗？

提示：在我做亚马逊咨询顾问时，遇到很多有实力的商家成立了跨境电商部门。老板们都看好这个方向，投入了大量的资金，但是到头来并没有什么效果。跨境电商对于传统工厂来说，相当于进入了一个全新的领域。这时，第一要做的并不是投入，而是要了解情况，在不了解整个流程的情况下，进行大资金注入，是不明智的行为。有方法有目的地投入，才能事半功倍，得到应有的回报。

思考3：传统企业怎样招聘到合格的跨境运营人才？

提示：对于寻找跨境人才，我更加倾向于从公司内部选拔，而不是从外部招聘。外来的运营人才，第一良莠不齐，第二很容易水土不服，而且人员的稳定性极其脆弱。因此对于想长久做跨境生意的老板来说不太建议。从内部选拔虽然说有点慢，但是比较稳，既然本身就是新接触跨境业务，那不如慢慢地去培养自己的人才。

从打工人到创业者的转变

牟新和，今年32岁。五年前从湖南邵阳只身来到深圳打拼。在深圳做过地产销售，摆过地摊儿。在这期间经历了工作上的挫折，情感上的打击。甚至有一段时间，完全一蹶不振。在封闭在单间里，靠着信用卡过活。

逐渐恢复之后，他凭借在家乡学了3个月的PS技术，在深圳龙岗找到了一份在电商公司做美工的工作，一个月工资有4500元。在这个公司做了二年，看到公司从一个三人的团队，逐渐发展到了八人的团队。结婚后，有了孩子，他的生活压力不断增大。

因为他也算是公司的元老,因此老板逐渐培养他做运营,运营人才在市场上还是很紧缺的,工资也从原来的4500涨到了5000、6000、7500。但这远远不能满足他家庭的开销,在深圳这个地方开销还是比较大的。

随着越来越多的卖家挤入国内市场,公司的业务越来越不好做。有很多的卖家做了同款产品,公司的利润不断压低,最后公司的合伙人之间产生了意见分歧。

牟新和不知道在这还能干多久?家庭的压力让他不得不考虑做一些副业。

公司的经营情况也让他对国内电商望而却步,这时候他把目光转向了跨境电商。经过了一个多月的摸索,虽然了解了一些基础知识,但是对于跨境的整体把握和细节操作还是摸不到头脑。

在一次网上的公开课上,他加了我的微信,跟我说了他的情况,我果断让他放弃原来的产品——手机壳。他本人对手机壳的产业并不了解,同时这又是一个竞争比较激烈的类目,没有在行业沉淀的话,不建议新手去做这个类目。

后来经过多方对比,他选择了厨房收纳用品。2018年,他在一个人做店铺的情况下,月收入最高达到了2.6万美元。

这无疑给他打了一剂强心针,增强了他做亚马逊店铺的信心,从此全职去做亚马逊店铺。经过两年的打拼,到2020年,他已经有了三家亚马逊店铺,总营业额约为200万元人民币,其毛利在35%左右。

从家乡湖南邵阳来到深圳,用了5年的时间,从一无所有到成为年销售额200万元人民币的牟总。跨境电商可以说是改变了他的命运,人生完成了一次华丽的转身!

在职人员可以兼职做亚马逊吗?
个人做亚马逊,不懂英语能不能做?
没接触过电商,多久能把店铺做起来?

第2章 如何成为亚马逊卖家

亚马逊有很多站点，不同站点有不同的要求，有些站点门槛比较低，如美国站、日本站，比较适合新手去做。有些站点的门槛比较高，如欧洲站，就不适合新手。

1. 北美站

北美站包含了美国站、加拿大站和西墨西哥站，只要开通了美国站，加拿大站和墨西哥站是同时开通的，他们共享后台和月租。美国站月租是39.9美元，那么墨西哥站、加拿大站就不收月租了。美国站是大部分人做亚马逊电商选择的第1个站点，它的流量、转化率，还有利润相对来说都是比较高的。

2. 日本站

日本站是新手选择的第2个站点，2016年亚马逊才开始入驻日本，因此竞争相对来说没有那么激烈。但是日本站也有来自外部的竞争，如电商平台中有雅虎和乐天。

日本的线下购买的体验和服务比较好，因此对线上有一定的冲击。日本对产品质量、产品包装要求比较高，需要对产品的质量进行严格把关，包装也要尽量精美化。做日本站最好对产品的说明书进行全日语化，以前我做日本站，因为说明书不是日文而得到了差评。

正是因为日本站有雅虎和乐天的竞争，因此在日本站不进行品牌备案也可以得到A+页面。同时日本站因为离中国比较近，因此FBA（Fulfillment by Amazon，亚马逊物流）头程的费用相对来说也比较低，减少了我们的成本，提高了利润，同时运输时间跟美国相比也少很多。

3. 欧洲站

欧洲站一共包含5个站点，分别是德国、法国、英国、意大利和西班牙。欧洲站门槛相对较高，但正因为门槛高，它的竞争环境不是很激烈，当你具有一定运营水平、一定资金实力的时候，做欧洲站会给你带来比较好的回报。

在欧洲站销售产品必须有VAT税号，如果没有VAT税号就会被封店。所以在欧洲站开店前，要申请好 VAT 税号。做欧洲站还要去进行 KYC 审核，KYC 审核就是在你店铺完成一定销售额之后会进行的一个审核，简单说就是核实用户亚马逊卖家的身份。

4. 澳大利亚站

澳大利亚站在 2017 年年底才开放第三方卖家入驻。相对于美国站、日本站和欧洲站来说，没有那么成熟。澳大利亚是一个发达国家，人均消费比较高，互联网普及程度也高，对于亚马逊来说是一个优质站点。但是澳大利亚人网购习惯是在 eBay 上买，所以在澳大利亚做亚马逊，需要等澳大利亚人民慢慢改变电商购物习惯。目前来说，澳大利亚站出单还是比较少，很多类目可能出了十几单就可以排在销量第 1 名，但是它的趋势是一直走高的。

5. 印度站

印度站的流量和出单情况还是可以的，但是不适合个人和中小卖家。首先，印度的消费水平比较低，购买的产品客单价比较低，基本上没什么利润，只适合一些主流产品。其二，印度的退货率和订单取消率特别高，很可能一个产品你做下来是亏本的。其三，印度买家特别喜欢跟卖家沟通，目前他们还没有习惯网购，无形中增加了卖家的工作量。最后，印度站点的物流比较差，不适合新手去做。

6. 中东站

中东站覆盖阿联酋、沙特、埃及、科威特、巴林、阿曼和卡塔尔 7 个国家，语言为英语或阿拉伯语，中国卖家没有语言障碍。做中东站一定要在前期做好调研工作，要先了解中东的市场环境，做好市场调研，确定自己的产品在中东是否有市场。了解当地人的风俗习惯，因为其宗教信仰和历史原因，跟我国国情有较大区别。中东地区风俗文化比较复杂，很多禁忌，宗教以伊斯兰教、基督教、犹太教为主。

中东站也有一些明显的优势，如当地的消费水平不低，人均 GDP 达 4 万美元，同时竞争环境相对于其他站点来说比较宽松。中东的电商发展速度很快，而且中东轻工业不发达，很多东西需要大量进口。做中东站，像消费电子类产品、家纺类产品、服装类产品以及跟植物相关产品都是比较好的。

7. 新加坡站

新加坡现在有两个东南亚本土电商平台，一个是 Shopee，一个是 Lazada，这两个平台都是走低价格路线，而亚马逊是走中高端路线，因此在东南亚区域，亚马逊的市场份额不是很大。

巴西和土耳其这两个站点目前没对中国卖家开放，因此这里不进行讲解。

2.1 卖家的注册方式

亚马逊有不同的注册方式，新手很容易纠结到底该用哪种注册方式，本小节介绍不同的账户特点和申请流程。

2.1.1 自注册

自注册是直接通过官方网站去注册，但是这种注册方式随着现在亚马逊越来越严格的管理政策，它的通过率越来越低，而且容易触发二审，因此在上半年很少有人去用自注册的方式注册。

2.1.2 招商经理注册

招商经理注册是现在中国卖家常用的注册方式。招商经理都是亚马逊雇佣的中国人，沟通对话不会出现问题。有了招商经理的联系方式之后，填写卖家信息收集表。等待7~14天，你预留的邮箱会收到招商经理发给你的注册链接，从邮箱中点击链接，可以直接进入店铺注册页面。

招商经理的联系方式该如何获取呢？我们可以通过之前做过亚马逊电商的朋友，获取招商经理的联系方式，或者微信搜索"亚马逊全球开店服务号"公众号，点击"我要开店"按钮，申请开店之后过一段时间就会有招商经理来联系你，如图2.1、图2.2所示。

图 2.1 位置示意图

图 2.2 注册页面

图 2.1 中不同站点要用不同邮箱，建议新手第一次只开一个站点。

当然，通过公众号去寻找招商经理，他联系你的时间不确定，如果有的朋友比较着急的话可以联系我，我可以提供合作多年的招商经理的联系方式。

每年下半年，注册难度会增加，因为每个招商经理是有指标的，上半年指标基本都用完了，下半年再注册就很难通过。因此大家注册账号，尽量在上半年去注册。当通过审核后，邮件收到注册链接后就可以注册了，如图 2.3 所示。

1. 请确保提供的信息以及文件真实，完整，准确
2. 在账户资质审核的第一步请选择公司卖家，如选择个人卖家会失去官方帐户经理支持
3. 如果您同时注册多个站点，请确保您使用与其他站点不同的邮箱和浏览器注册
4. 注册网络: 请使用稳定的专用的网络环境
5. **在注册过程中，如果有任何步骤打不开注册链接，请将amazon.co.jp改成sellercentral-japan.amazon.com，不需要使用**
红旗，或者在后台【绩效】→【业绩通知】里找到名为"出品者様のAmazon.co.jpの出品者用アカウントを確認しておりま
开请把注册链接中的"sellercentral.amazon.co.jp"手动改成"sellercentral-japan.amazon.com"。

- **步骤三 上传您的产品**

一旦能够通过本邮件末尾链接登陆进卖家后台即为注册成功。在完成注册和审核的五个工作日之后，再上传listing。

点击以下日本站注册链接进行注册（请务必在14天内完成注册，否则链接将失效）

https://sellercentral-japan.amazon.com/gp/on-board/workflow/Registration/login.html?
ie=UTF8&passthrough%2Faccount=soa&passthrough%2FsuperSource=NIM&passthrough%2FmarketplaceID=A1VC38T7Y
ifiedLogin=1&passthrough%2Ftoken

亚马逊全球开店官方帐户经理团队

图 2.3　邮箱链接示意图

2.1.3　两种注册方式的对比

1. 扶持力度

招商经理链接注册相比自注册，会有运营资料和运营课程的扶持。新手可以参加一些针对新手卖家的运营培训，使新手卖家更快地掌握一些亚马逊的基础规则。这些课程，都是官方最基础的。一些实战技巧和玩法的黑科技，官方运营课程里面不会讲，还是需要去找亚马逊的运营老手带。

2. 活动特权

通过招商经理注册链接注册的卖家参加秒杀活动的时候，比较容易上。可以直接通过招商经理去上活动，成功率比较高。但是 2021 年亚马逊内部进行反腐活动，因此招商经理上活动也不是 100% 成功，也会有一定的概率上不去，是正常的。

3. 账号安全

自注册账户容易引发二审,招商经理链接注册相对来说不容易引发二审。

2.2 卖家账户注册流程

新手没有接触亚马逊时,对于账号注册有着恐惧心理,实际上亚马逊账号的注册不难,只要资料完备、真实,基本上都可以通过,但是也有一些细节是新手需要注意的。本小节,卖家朋友可以学到如何注册账户,以及注册账户过程中应该注意到的一些细节。

2.2.1 自注册需要的资料

电子邮箱或之前的买家账号。
双币信用卡(带 VISA 标志)。
身份证或营业执照。
中国电话号码。
第三方收款平台(如 P 卡、PingPong、连连、万里汇)。

2.2.2 自注册流程

1. 打开美国站网址,如图 2.4 所示。

图 2.4 前台网址

2. 在美国站官网最下面,单击"Sell products on Amazon"按钮,如图 2.5 所示。

图 2.5 前台尾部

3. 单击"注册"按钮,如图 2.6 所示。

图 2.6　注册主页

4. 单击"Create your Amazon account"按钮,如图 2.7 所示。
5. 输入注册人姓名、邮箱、密码,然后单击"Next"按钮,如图 2.8 所示。

图 2.7　注册页面　　　　图 2.8　注册页面

2.2.3　招商经理注册资料

1. 公司营业执照(正本,用来拍照,要清晰完整,彩色,不能带水印)。
2. 法人身份证(正反面拍照,清晰完整,彩色)。
3. 国际信用卡(信用卡必须为 VISA 或者是万事达的国际信用卡)。
4. 国内银行储蓄卡(法人的或者信用卡持卡人的,用来注册,绑定国际网络银行，收取亚马逊的销售款）。

5. 海外银行收款账户（本节后面有注册链接，用PingPong、P卡或者Skyee都行，都可自行注册，三种任选一种收款账户）。

6. 专用计算机（此计算机之前没有登录过亚马逊卖家账号）。

7. 专用网络（建议使用家里的宽带，要有拨号上网猫的那种，或者用手机Wi-Fi热点，或者无线网卡，没有登录过其他卖家账号的网络）。

8. 邮箱（没有在亚马逊上注册过卖家账号的，任何邮箱都行，比如QQ、126、163、Outlook等邮箱）。

9. 手机号（没有绑定过其他卖家账号，能经常接收短信的即可，手机号是谁的都行）。

10. 注册链接（填写《卖家信息收集表》发给招商经理，她们会给你发一个专用的注册链接，拿到这个链接后，再去注册卖家账户）。

2.2.4　招商经理注册流程

1. 单击"Create your Amazon account"按钮，如图2.9所示。

2. 填写法定代表人姓名，用拼音小写中间无空格。例如张小飞，填zhang xiaofei，填好后单击"Next"按钮，如图2.10所示。

图2.9　注册页面　　　　　图2.10　注册页面

3. 在注册邮箱中，会收到一封来自亚马逊的邮件，里面有包含6位数字的验证码，如图2.11所示。

图 2.11　邮件验证码

4. 将收到的六位数验证码填入图 2.12 中所示位置，然后点击"Create your Amazom account"按钮。

图 2.12　输入验证码页面

5. 先在"公司地址"下拉列表中选择营业执照所在的国家或地区（中国大陆卖家就选择"中国"），然后根据自己公司的实际情况选择业务类型，并填写公司的英文名称（营业执照上公司名称的汉语拼音）和中文名称，最后点击"同意并继续"按钮。

若提示公司名称过长，建议使用全小写拼音，不要有空格；如果超出最大输入限制，请尽量填写公司名字主要部分，如图 2.13 所示。

图 2.13 填写营业执照名称

6. 依次输入公司的相关信息。公司注册号码需要和营业执照上的相同，如图 2.14 所示。

图 2.14 输入营业执照税号

7. 地址填写栏可以填写公司营业执照上的地址或者公司的实际运营地址，地址需详细到门牌号。填写时使用中文，如图 2.15 所示。

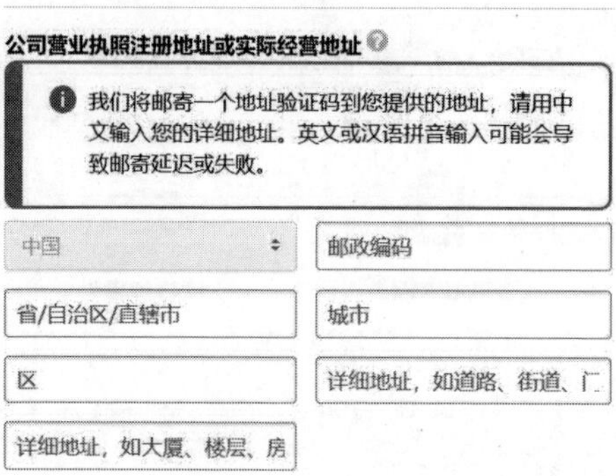

图 2.15 输入地址

8. PIN 接收方式是指用哪种方式进行验证，可以选择短信或者电话。输入电话号码时，需要在电话号码旁边的下拉框中选择所在的国家或地区（中国大陆的电话号码选择"中国 +86"）。

选择的如果是短信验证，就会收到短信，输入短信验证码即可。如果选择电话，就会接到自动打过来的语音电话，请接听电话，把电话播报的 4 位数字输入手机进行验证，若验证码正确，网页会显示认证成功。当系统验证出错时，请尝试用其他语言进行验证或者短信验证，3 次不成功则须等候 1 小时后才可重新验证；主要联系人填写公司的法定代表人姓名的拼音，如图 2.16 所示。

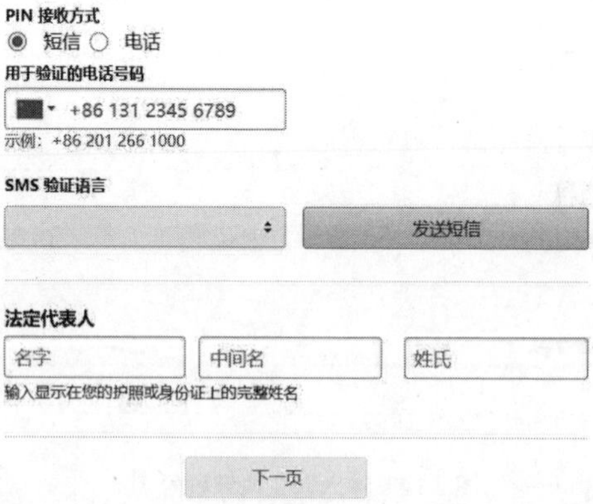

图 2.16

9. 所有信息输入完毕，而且通过短信或者电话验证后，点击"下一页"按钮，进入下一步。

请注意：一旦验证完成，将无法再退回至本步骤修改信息，所以请在短信或电话验证前仔细检查本页内容。

10. 在个人信息页面，需要进一步完善账号所在公司法人的个人信息。选择国籍后（中国大陆卖家选择"中国"），再依次输入或者选择出生地、出生日期、身份证号码和有效期、身份证的签发国，以及身份证上的姓名，姓名可以是中文，如图 2.17 所示。

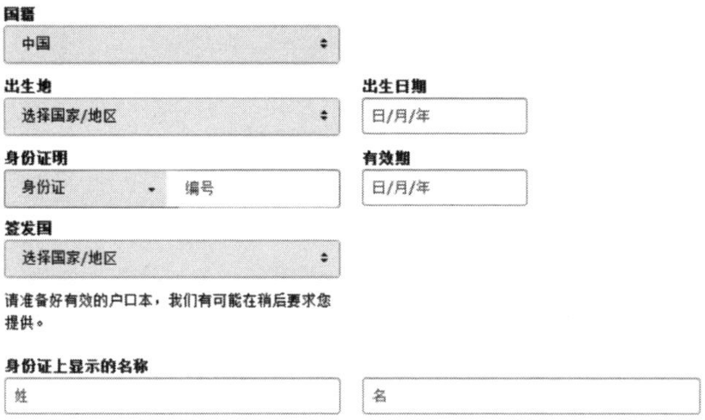

图 2.17

11. 受益人信息（Beneficial Owner Information）。受益人必须是公司受益所有人或管理者，一般情况下即直接或间接拥有公司 25% 及以上股份，或对业务发展有决定权，或以其他形式对公司行使管理权的自然人或者公司。人数必须与实际情况相符，其信息将有可能被验证。勾选"是企业的受益所有人"以及"是企业的法人代表"两个复选框。

如果公司的受益人只有法人一个，"我已新增该公司所有的受益所有人"下就选择"是"，否则就选择"否"。如果选择否的话，就需要进一步输入其他受益人的信息，如图 2.18 所示。

图 2.18

12. 填入收款信息，把第三方收款平台生成的银行信息填入，以后亚马逊账户的钱将打入第三方收款平台，再转入国内银行，如图 2.19 所示。

图 2.19　后台示意图

13. 填写双币信用卡卡号、有效期、持卡人姓名、账单地址，如图 2.20 所示。

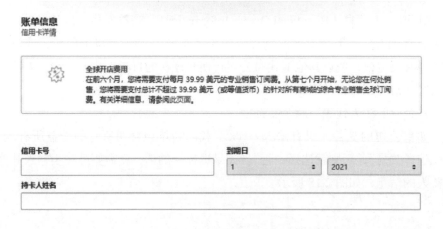

图 2.20　输入信用卡信息

14. 填写店铺信息，包括店铺的名称及商品编码和品牌的一些信息。其中店铺名称强烈建议使用英文填写。"您的商品是否全部都拥有通用商品编码（UPC）"选"是"，其他根据实际情况填写。

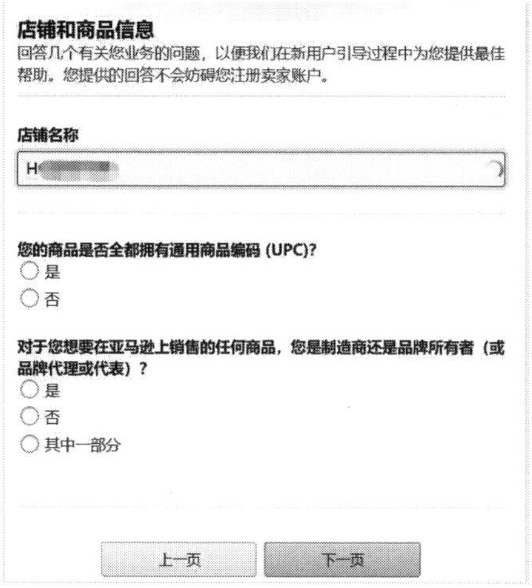

图 2.21　输入店铺信息

15. 提交身份验证，营业执照和法人身份证需提供彩色照片或彩色扫描件（电子营业执照尚未接受，仅接受纸质营业执照彩色照片或者彩色扫描件）。不接受缺角缺边，不接受黑白复印件，不接受截屏。文件必须完整清晰可读，不允许使用 PS、美图秀秀等修图工具处理文件后上传。

上传照片可能需要一点时间，等上传成功后单击最下方的"提交"按钮，看到绿色身份验证信息提交后就可以关闭此页面，如图 2.22 所示。

图 2.22　上传身份证、营业执照

16. 接下来，选择"预约视频通话"，并单击"下一步"按钮，如图2.23所示。

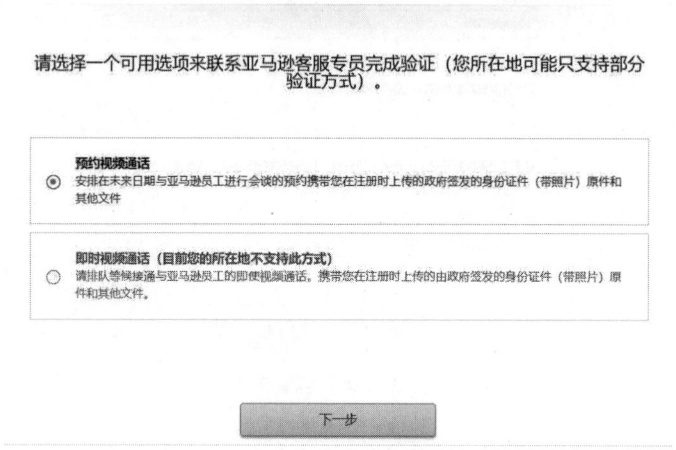

图 2.23　预约视频时间

17. 选择一个日期和时间，并单击"下一步"按钮，确认视频通话验证预约，如图2.24所示。

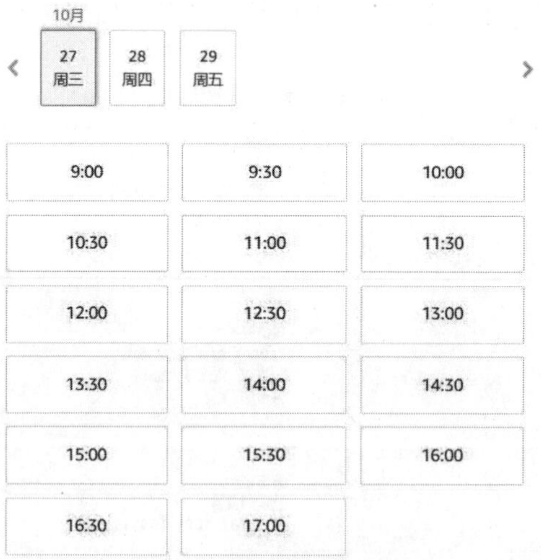

图 2.24　选择视频验证时间

18. 除身份验证外，亚马逊会向注册时填写的注册地址邮寄包含一次性密码的明信片来进行地址验证。完成视频电话预约后，明信片和相关说明将在

5~8个工作日寄到注册人的邮寄地址。

19. 在卖家后台界面查看到以下状态时，意味着身份验证已通过且同时开通了卖家账户。可根据实际运营需求，进入相应站点，如图2.25所示。

图2.25 选择站点商城

20. 最后，还需要对注册的账户启用两步验证来进行保护，单击"启用两步验证"按钮开始进行验证，如图2.26所示。注意：如果两步验证的页面无法打开，请清空浏览器的Cookie后刷新。还是打不开可更换浏览器尝试。

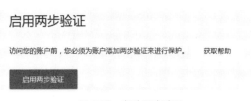

图2.26 启动两步验证

21. 选择短信验证，输入您短信或者电话收到的验证码，并单击"继续"按钮，即可完成店铺注册。每年亚马逊的注册过程都有变化，应以当年亚马逊注册指导文件为准，本次为注册2022年北美站过程。关于每年最新的注册方法，大家可以加我微信领取。

2.3 账号销售类型

本小节主要讲个人销售账号和专业销售账号之间的不同，以及亚马逊的相关收费情况。一般来说，卖家朋友都会注册专业销售账号。

2.3.1　个人销售账号

个人销售账号没有月租,但是会按件收取佣金。例如,美国站每卖出一件产品,亚马逊会收取 0.99 美元的固定费用作为佣金,日本站个人销售账号是每单收取 100 日元,欧洲站每单收取 0.75 英镑。

2.3.2　专业销售账号

专业销售账号会每个月收取月租,但是不会再收取固定的佣金费用。美国站的月租为 39.99 美元,日本站是每月收取 4900 日元,欧洲站是每月收取 25 英镑。

2.3.3　二者的区别

1. 黄金购物车权限。因为亚马逊的特有规则"跟卖",就是说一个产品的 Listing 下可以有很多的卖家,那么谁获取了黄金购物车,谁就获取了主要的销量。个人卖家账号是无法获得黄金购物车权限的。

2. 功能限制。电商时代实际上就是数据时代,电商公司通过网上销售数据寻找潜在的产品,进行产品的推广计划,个人销售账户在数据获取上是有限制的,只能获取基本产品数据,对于产品的精细化运营是不利的。同时个人销售计划只能上传单个产品,不能批量上传,而且个人销售账户不能做广告投放,这无疑缺少了一个推广的有利渠道。

如果说要长期经营亚马逊店铺,做精细化精品店铺,那么建议大家选择专业销售账户,不仅运营的手段更加丰富,在跟竞争对手的对抗上,也有更多的手段进行商战。这样在后面的运营当中才能得心应手,如鱼得水。

2.3.4　两者的切换

个人销售账户和专业销售账户,可以进行自由切换,在后台单击"设置"按钮,再单击设置中的"降级账户"按钮,就可以由专业销售账户降级为个人销售账户,也可以在这里单击"升级账户"按钮,从个人销售账户升级为专业销售账户。如果是从专业销售账户降级为个人销售账户,随时都可以操作;从个人销售账户升级为专业销售账户,可能需要亚马逊的审核。因此当卖家进行降级的时候,一定要深思熟虑。另外如果要注销店铺,建议先降级为个人销售账户,再对店铺进行注销,如图 2.27 所示。

图 2.27 降级账号

2.4 亚马逊卖家的店铺模式

亚马逊有不同的玩法，玩法不同，店铺的整体布局也不同。店铺的布局可以分为自发货店铺、精品铺货店铺、纯精品店铺。新手要根据自己的实际情况去选择适合自己的店铺模式，如时间精力、供应链水平、资金情况、运营技术等。

2.4.1 自发货店铺

自发货店铺是早期做跨境电商卖家常用的店铺模式，但随着时间的推移，越来越多的人去做亚马逊，包括亚马逊本身对 FBA 模式的倾斜，大部分热卖品类自发货店铺的生存空间越来越小，但还是有一些类目 50% 以上的店铺是自发货模式。

自发货模式没落的原因是及时性很差，买家可能半个月才能收到货，买家的体验不好，而且亚马逊是一个"重买家，轻卖家"的平台，自发货店铺在店铺流量上会有劣势，因此自发货店铺模式渐渐地走向衰落是大势所趋。

自发货店铺模式的优点是可以减少库存，可以产生订单之后再去拿货，很多自发货卖家都是卖出去一单，在供应商那里拿一单的货，贴上标签直接发给用户，减少了前期的库存资金压力。

2.4.2 精品铺货店铺

精品铺货店铺是卖家寻找几个相互关联性比较强的类目，这样产品之间可以形成流量互补，以产品带动产品，对于后期推广有强大的连带作用。精品铺货店铺主要是以某类人群为核心，去寻找围绕着这类人群的关联性比较强的类目。对于新手来说可以做几个小类目，虽然体量小，但是几个类目加起来体量也不小了，而且竞争环境相对宽松。但是精品铺货店铺跟纯精品店铺相比，产品线比较多，需要有强大的购物链和后勤管理能力。

卖家在做精品铺货店铺不要盲目追求排名，应以店铺利润为主，通过流量好的产品去关联流量不是很大但是利润较高的产品，提高店铺的整体利润。

2.4.3 纯精品店铺

因为亚马逊现阶段总体还是"重产品，轻店铺"的，所以纯精品路线的店铺并不需要太多的产品，甚至有些店铺只有一个产品，但是它的利润仍然很可观。这种店铺都是做一个垂直类目，并且因为深度挖掘，精细化运营，往往产品的排名都很好，有着较长的产品生命周期。但是该店铺模式需要对产品的质量、店铺的标题、相关图片有着更多的要求，对产品评论的数量、和质量也有着相对专业的要求。

纯精品店铺，70%的时间用在准备上，30%的时间才用在运营上。前期准备包括品牌的策划、品牌故事的编纂、产品类目的切入、产品关键词的选择、图片的制作等。因为亚马逊店铺跟国内的不同，它的产品载体是品牌，而不是店铺，因此还需要在站内站外对品牌进行渲染，提高品牌在买家心目中地位，形成品牌黏性。

2.4.4 新手选择哪种店铺模式

没有万全的模式，所有的模式都是卖家根据实际情况总结的。因此应根据自己的实际情况去选择其中的一种或者几种之间的组合。

首先，如果是个人兼职卖家，没有多少时间、资金和精力去做，那么前期可以采用自发货模式，以了解亚马逊的整个流程为主。前期低成本入门，不在于赚多少钱，而是把整个流程规则了解透彻，后期再根据实际情况进行调整。

当有了一定的资金和时间，可以去做纯精品店铺，专注在一个细分市场上深度挖掘。这个细分市场最好是蓝海市场，竞争力不是那么大。虽然说可能它的规模不是很大，但不会有团队跟你抢这块蛋糕，因为对于团队来说，一些小的市场可能不够他们分的，这也是你的机会，因为对个人来说这个市场体量足够你吃了。

其次，如果你是传统外贸工厂转型做亚马逊，公司已经有现成的产品及产品线，那么你就可以做纯精品店铺，直接卖你的产品。如果你是内销型企业转亚马逊，那么就需要对你产品在亚马逊站点所在国的情况进行了解，从而重新研发符合当地国情的产品。

2.5 亚马逊店铺的资金预算

在亚马逊的实际运营当中，会出现很多收费的环节，本章会对这些环节进行概述，让卖家朋友们做到心里有数。

2.5.1 前置预算

在你亚马逊店铺正式运营前，有许多地方是需要进行前置准备的，主要包含以下几种。

1. 场地的准备预算。
2. 选品软件购买的预算。
3. 注册公司预算。
4. 财务代理记账的预算。
5. 办公用品的预算。
6. 人力资源的预算。
7. VPS 虚拟机的预算。
8. 计算机、网线等硬件设施以及流量套餐的预算。

2.5.2 产品预算

做产品的过程中需要的预算包括以下几种，预算的金额无法确定，根据你的类目情况、资金实力、产品排名预期来决定。

- 产品图片的预算。
- 产品视频制作的预算。
- 产品生产的预算。
- 产品国内运输费用预算。
- 产品从国内发往目的国头程费用。
- 产品包装费用预算。
- 产品推广广告预算。
- 产品推广测评预算。

2.5.3 维护预算

在运营后期，需要用到的一些资金解决产品后期补货的预算，以及产品在亚马逊仓储的仓储费、因产品包装和质量问题造成的买家退货等。

2.6 亚马逊店铺的收款

我们做亚马逊平台的最终目标一定是赚钱，那么如何把亚马逊账户的钱转到国内储蓄卡，这是一个重要的问题。本小节给卖家朋友们讲解资金的结算方式，以及如何绑定第三方收款平台。

2.6.1 亚马逊的资金结算

对于中小卖家来说，亚马逊的结算方式经常是，由亚马逊把钱从其账户打到第三方收款平台，再从第三方收款平台直接打到我们国内储蓄卡。目前常用的第三方收款平台有 Payoneer、PingPong、WorldFirst、连连支付。

通过电话号码、身份证在第三方平台注册一个账号，账号会自动生成虚拟银行账户。把虚拟银行账户绑定到亚马逊上，就可以实现将亚马逊账户资金转到第三方平台账户，其安全性大家也可以放心。目前第三方收款平台可以绑定多个亚马逊账户，而且没有关联的风险，是运营多店铺卖家的首选。

有一些较小的平台，会通过更低的费率去吸引客户，但是建议大家还是主要选择常用的 4 个平台：PingPong、Payoneer、WorldForst、连连支付。

其中，PingPong 和 Payoneer 是美国公司，费率相对较高；营业额在 3000 美元以下的情况下，用连连支付比较合适；WorldForst 被蚂蚁金服收购了，目前新的费率最低为 0.3%，是 4 个平台中最低的。

第三方收款平台的服务还是不错的，现在很多的跨境电商都是中国卖家，因此他们单独设置了中文客服，在沟通上没有障碍。

2.6.2 收款的方式

现在用 PingPong 给大家演示一下，如何申请虚拟银行并且绑定亚马逊账户。

1. 百度搜索 PingPong，或者通过新人专属链接注册，通过新人专属衔接注册可以享受到 3 万美元的 0 手续费新人服务礼包。

2. 准备好身份证进行实名认证，如图 2.28 所示。

图 2.28　PingPong 后台（1）

3. 单击"申请收款服务"链接，如图 2.29 所示。

图 2.29　PingPong 后台（2）

4. 选择 Amazon 平台，以及要绑定的站点和店铺名字，如图 2.30 所示。

图 2.30　PingPong 后台（3）

5. 将生成的美国虚拟账户信息绑定到亚马逊账户，或者在账户申请阶段填入相应的位置，如图 2.31 所示。

图 2.31　PingPong 后台（4）

2.6.3　资金周转周期

亚马逊的结款周期是 14 天，但是我们实战中计算结款周期是从全链条来计算的。从你将货款交给供应商开始，就已经在计算了，包含了产品的生产周期、产品从国内运到亚马逊仓库的运输时间、产品在亚马逊的推广时间、亚马逊的结款周期 14 天、从亚马逊账户转到第三方平台的 3~5 天、从第三方平台转到国内银行卡的 1 天，实际的周期需要一个多月。这是在运输方式为空运的情况下，假如用更便宜的海运，可能需要两个月的时间。如果是做日本站的话，时间将会缩减一半以上。

所以新手前期在做亚马逊的时候，要合理利用自己的手中的资金，计算资金流转周期，去做合适的类目和产品，防止资金链的断裂。

2.7 亚马逊店铺的风险

亚马逊的管理方式是刚性管理，一旦违背亚马逊的平台规则，就直接被封店处理没有商量，所以做亚马逊电商的时候要了解亚马逊的红线，不要去踩。

2.7.1 售假的风险

亚马逊对于假货是零容忍，一旦发现，会立即调查，一旦证实，直接封店处理。不像一些东南亚的电商平台，充斥着良莠不齐的产品。亚马逊是服务中高端客户的，非常重视买家体验。在价格方面，亚马逊的买家不是很敏感，但是在质量和服务方面，亚马逊的买家是非常重视的。

2.7.2 账户关联的风险

亚马逊为了防止卖家进行恶意竞争，推出了管理措施。亚马逊允许第三方入驻早期，部分卖家为了霸屏某款产品，用了很多家店铺去铺货，给买家造成了非常不好的体验。所以为了防止某个卖家在某站点不同店铺做同一个产品或同一类产品，设置了关联监控。一旦发现店铺与店铺直接存在强联系，就会对其店铺进行封店处理。亚马逊一般通过以下几个维度进行监控。

IP 地址。一个账户只能用一根网线，一旦发现同站点的不同店铺用了同一根网线，那么就会有关联的风险。之前有学员问我，路由器会变 IP，会不会有风险。这个是没有问题的，只要你使用的网线只登录一个账户就没有问题。

账户信息。同一个账户信息只能在同站点注册一个店铺，如营业执照、电话号码、邮箱，甚至是你邮箱的密码都尽量不要一致或者相似。还包括信用卡持卡人、公司地址、法人名字等，都不要相同。就算这些资料注册的店铺被注销了，也不可以再用。

产品资料。如果两家店铺产品的标题、产品的图片、产品的价格都雷同，那么也有可能被亚马逊判定为关联账户。当卖家真的有几个店铺来去运营自己产品的时候，那一定要对不同店铺之间的产品信息进行替换、如图片的替换、标题的替换、价格的变化。

2.7.3 如何防止账户关联

最简单的方式就是物理隔断，用新的计算机、新的网线、新注册的营业执照、新的手机号、新的邮箱，全部是新配置的，没有注册过亚马逊的。

1. 腾讯云、阿里云

用腾讯云、阿里云去注册一个独立 IP 的虚拟计算机，通过自己的计算机远程操作虚拟计算机，以达到防止关联的目的。虚拟计算机有不同的价格，根据网速、硬盘空间、内存大小、CPU 情况制定不同的套餐。同一台计算机可以安装多个虚拟计算机，这样的话就可以完成操作多家卖家账户的需求。

2. 虚拟机

用虚拟机有一点风险，不过很少见，之前有很多亚马逊大卖家批量注册大量的虚拟机，后来因为某些原因封店，如果你分到的虚拟机的 IP 地址是曾经被封禁过的，那么就可能出现关联风险。如图 2.32 所示。

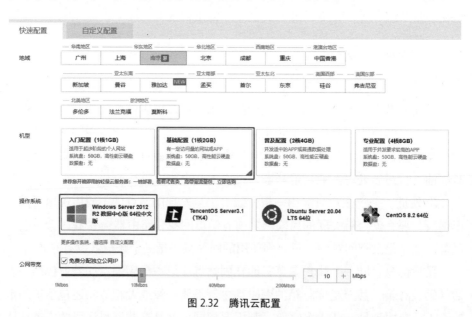

图 2.32 腾讯云配置

配置选基础配置就可以，操作系统可自定义，建议选 Windows 的，价格在 100 元以内的就已经够用了，有的时候搞促销活动还有 99 元 / 年的。

3. 紫鸟浏览器

除了硬件隔离跟虚拟计算机以外，通过超级浏览器来登录亚马逊账户是最近2年很多卖家的选择，通过紫鸟浏览器登录亚马逊账户，进行多账户操作。超级浏览器可以给每一个亚马逊账户一个独立的IP地址。如果多个账户同时登录，那么每个账户都是独立的页面和独立的环境，各个账户之间不会出现关联问题。

实战技巧：如果你的某个账户因为关联问题或其他问题封店了，但某个产品的销量还是可以，而且有很多的库存，不想把这个产品放弃，那么可以再注册一个店铺，新注册店铺一定不能跟原有店铺有任何关联，然后用新店铺去跟卖原来那个店铺有销量的产品。

例如，店铺A因某些原因封店了，但是店铺里面有一个产品a销量情况还可以，那么我们可以注册一个店铺B。如果产品a品牌备案了，那a的品牌可以授权给店铺B。但是店铺B不能一上来就直接跟卖产品a，这样也会被判定关联。应该先让店铺B去做几个跟店铺A没有任何关系的产品，过一段时间再去跟卖产品店铺A的产品a。

2.7.4 商标侵权的风险

商标侵权经常发生在新手跟卖别人产品的时候，新手没有仔细核查对手是否已经注册了商标，或者无意中使用了别人的商标注册了亚马逊的店铺名字，或者在标题的关键词中用了别人的商标，造成侵权的情形。虽然说跟卖是亚马逊平台允许的操作方式，但是无脑跟卖很容易触发侵权。

一旦被判定商标侵权，那么轻则Listing下架，重则直接封店。对于中小卖家来说是一个很大的打击，不仅你前期投入都白费了，而且账户里的钱也拿不回来。

2.7.5 如何防止商标侵权

1. 可以通过以下链接直接登录目的国商标局网站进行查询。

美国商标查询：http://www.uspto.gov。

欧盟：https://euipo.europa.eu/ohimportal/en/home。

日本：https://www.jpo.go.jp/。

也可以登录亚马逊之家去查询，如图2.33所示。

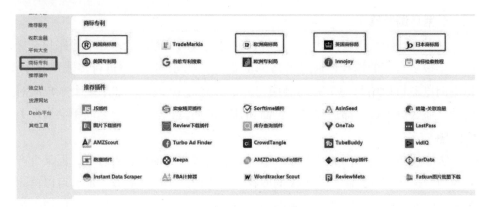

图 2.33 亚马逊之家

2. 下面以美国站为例，给大家演示如何查询。首先打开美国商标局官网，单击图中框选位置，如图 2.34 所示。

图 2.34 美国商标网

3. 选择基础查询，如图 2.35 所示。

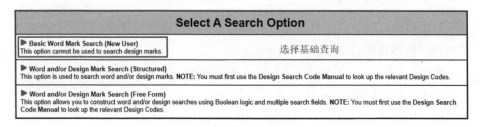

图 2.35 美国商标查询（1）

4. 在检索框里输入需要检索的字符，选择"Combined Word Mark"，单击"Submit Query"按钮进行检索；单击"Serial or Registration Number"输入申请序列号或者注册号查询已申请的商标；单击"Owner Name and Address"输入申请人名称/地址查询，如图2.36所示。

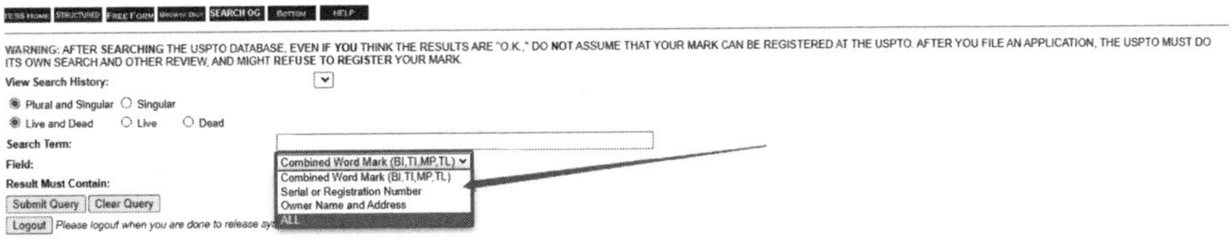

图 2.36　美国商标查询（2）

5. 例如，选择"Combined Word Mark"输入要查询的商标，再单击"Submit Query"进行检索，如图2.37所示。

图 2.37　美国商标查询（3）

2.7.6　知识产权的风险

在亚马逊很多产品有着自己的外观专利和发明专利，在跟卖这种产品的时候一定要提前做好调查工作，防止因为专利侵权而被亚马逊处罚。亚马逊可以说是所有平台之中对知识产权保护最为严格的一个电商平台，知识产权的风险是做亚马逊非常大的一个风险。

2.7.7　如何防止知识产权侵权

仍然用美国站给大家举例说明。

1. 打开专利查询的网站，单击"Quick Search"链接，如图2.38所示。

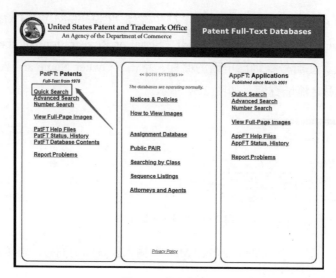

图 2.38　美国专利局

2. 输入自己要查询产品的专利号或者品牌名称（很多公司会以自己的品牌去申请专利）。然后单击"Searc"按钮，如图 2.39 所示。

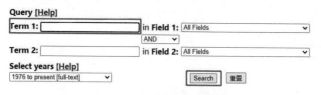

图 2.39　美国专利局查询

3. 出现了多个专利编号，可以一个一个去查，如图 2.40 所示。

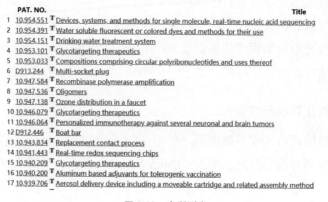

图 2.40　专利列表

4. 对内容进行甄别，可以单击"Images"按钮查看专利产品图片说明，如图 2.41 所示。

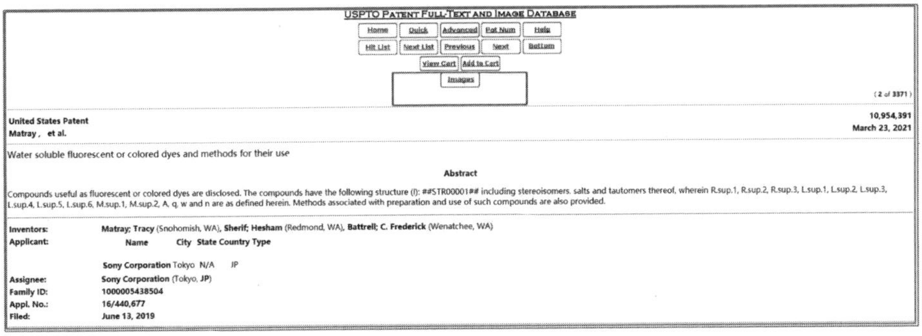

图 2.41 美国专利查询

第 3 章 认识亚马逊前台

想在亚马逊赚钱,需要了解用户在亚马逊界面会看到的样子。每种设置在前台会怎样显示,哪种显示会促使用户点击产品,哪种显示会促使用户去下单产品。做到知己知彼才能百战不殆,卖家永远要比买家更加了解亚马逊。

3.1 首页界面认知

要想做好亚马逊,首先需要了解买家购买产品时会看到什么。本小节教大家认知亚马逊前台,使大家在做亚马逊电商的时候做到知己知彼。

3.1.1 首页Logo的用法

无论你处于任何页面,单击亚马逊 Logo 可以直接回到首页位置,如图 3.1 所示。

图 3.1 首页 Logo

3.1.2 如何更改页面语言

在首页左上角有一个国旗标志,可以翻译语言。新手在前期很喜欢翻译成中文模式,这里我建议要用当地国语言去看,不要翻译。这样才能慢慢培养出自己的一种感觉。第二,你必须跟当地国看的页面是一样的,才能发现问题,发现机会点,如图 3.2 所示。

图 3.2　首页语言选择

3.1.3　如何改为美国定位地址

亚马逊的定位最好定位成站点当地国，如果用的是中国定位，那么跟当地国前台页面显示的结果是不一样的，产品的排名也不一样，对于我们了解真实情况不利。

1. 单击图片显示位置，如图 3.3 所示。

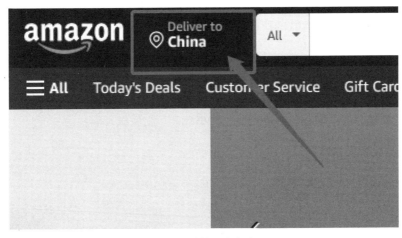

图 3.3　地址更改（1）

2. 美国站定位可填写"19001"，然后单击"Apply"按钮，如图 3.4 所示。

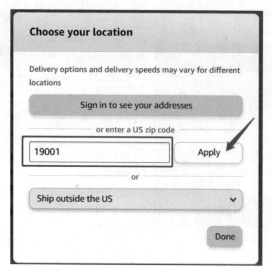

图 3.4 地址更改（2）

3. 日本站定位可填写"101.0031"，然后单击"Apply"按钮。

3.2 搜索结果页面认知

了解搜索结果页面非常重要，因为这个页面是我们跟其他同行的战场，只有了解了这个页面，才能知道如何在同行的包围之中杀出一条血路，才能知道如何让消费者点击进入我的产品页面，而不是进入同行的产品页面。

3.2.1 市场容量

在搜索栏里输入一个关键字，出现的页面叫作搜索结果页面。在这个页面的左上角有一个市场容量，如图 3.5 所示。

图 3.5 市场容量

市场容量表示的意思是，在你搜索的类目下用了该关键词的产品，一共有 4000 个。但是这个数是一个虚数，并不是一个准确数字，真实数字应该在 4000 个左右，可能是 3800 个多，也可能是 4200 个多。一般我们可以通过这里的数字，粗略地判断市场值不值得去切入，是不是竞争比较大。一般来说大于 1 万个算是竞争比较激烈的。新手前期可以做在 5000 个左右的产品，市场容量不是很小，竞争又不是很激烈。

3.2.2 黄金广告位

黄金广告位是只有进行了品牌备案的卖家才能投放的广告位置。它的位置在搜索结果页面的最上方，是最好的展示位置，有大量的流量。但是黄金广告位的价格也比较贵，如果不是超级大卖家，一般来说都不会投放这个位置，如图 3.6 所示。

图 3.6　品牌广告位（黄金广告位）

3.2.3 广告位、prime 标志、评论数

图片中标有 Sponsored 的产品，代表这个位置是广告位，是卖家投放了自动广告或者手动广告才会占的坑位。广告位的排名是不计算在亚马逊 BSR（Amazon Best-Seller Rank，亚马逊热销品排名）排名中的。谁的出价高，谁的广告权重大，谁就排在前面，如图 3.7 所示。

标有 prime 标志的产品，说明这个产品做了 FBA，产品已经放到了亚马逊的仓库，由亚马逊进行配送服务，如图 3.8 所示。

图 3.7　广告标志

图 3.8　prime 标志

评论数代表了这个产品的评论星级。4 星 5 星是好评，1 星 2 星是差评，3 星是中评，星级越多说明产品的客户满意度越好。星级高的产品对转化率有提升作用，消费者喜欢买星级高的产品。评分后面的数量 2330 不是销量，亚马逊平台不展示平台的销量。这个 2330 的意思是有 2330 个买家对这个产品做出了评价，如图 3.9 所示。

图 3.9　评价标志

3.2.4　跟卖、优惠券、Limited time deal

当产品下面出现了"X used & new offers"字样，说明该产品有其他卖家进行了跟卖。跟卖的卖家数是 X，如图 3.10 中"6 used & new offers"代表着有 6 个卖家跟卖了这个 Listing，跟卖的最低价格是 $52.79。

图 3.10　跟买数量

如图 3.11 所示，绿色的标志"Save 5% with coupon"代表这个产品做了 5% 的优惠券，在 59.99 美元的基础之上，打了一个折扣。

图 3.11　优惠券

在搜索结果页面出现了红色标志"Limited time deal"，代表着这个产品参加了秒杀活动中的 7 天促销。这个标志对产品的点击率会有很大的帮助，也会对转化率有一定的提升。当产品某个关键词排名比较靠前，或者产品的自然排名比较靠前的时候可以去设置，如图 3.12 所示。

图 3.12　7 天促销

3.2.5　Best Seller

在产品搜索页面，产品的左上角出现了一个黄色的标志"Best Seller"，代表着这个产品在某个类目的销量排名是第 1 名，是这个类目的最畅销品，如图 3.13 所示。

图 3.13　Best Seller（畅销商品）

按住〈Ctrl〉键单击鼠标，重新打开一个新的窗口，就会进入该类目下的销量排行，可以查看该类目下的销量前 100 名产品，如图 3.14 所示。

图 3.14 销量排行榜

获得 Best Seller 标志，可以提高产品的点击率，点击率提升一倍，在最后的利润上可能会提高 3~8 倍。因为 Best Seller 标志从颜色、位置上都很能吸引买家的视觉。

获得 Best Seller 标志，可以提高产品的转化率。因为很多买家有从众心理"既然这个产品是最畅销产品，那这个产品一定质量很好，很好用"。利用消费者从众心理增加产品的转化率。

获得 Best Seller 标志，还可以提高流量，因为有部分买家还会通过榜单去搜索产品，除了这部分流量以外，每年亚马逊平台都会拿出一部分预算，主动推广亚马逊平台 Best Seller 标志的产品，这类产品能拿到 Best Seller 标志，说明这些产品都比较优质，受到买家的喜欢，亚马逊也愿意去帮助卖家推广这些产品。

因为亚马逊的榜单后台数据是每一个小时更新一次，如果说在一个计算周期内，你的产品销量是这个类目销量的第一名，你就可以获得这个标志，从而获得更高的点击率，更高的转化率以及更多的流量。对于新手卖家来说，当你熟悉整个流程之后，可以去抢小类目的 Best Seller 标志。

3.2.6 折扣标志

如果商品的新价格是该商品在 30 天内的最低价，那么系统就会自动为该商品添加一个折扣小图标，并在现价后面展示一个"划线价格"，如图 3.15 所示。

图 3.15　划线价格

有了这个折扣标志，可以提高产品的点击率和转化率。折扣标志的颜色根据你折扣的力度不同，显示的颜色也不同，力度越大颜色越深，在搜索结果页面越明显。

3.2.7　Amazon's Choice

在产品的左上角，除了 Best Seller 标志以外，还有一个标志会出现在这个位置，那就是"Amazon's Choice"，区别是 Best Seller 是橙黄色的，而 Amazon's Choice 是深蓝色的。

Best Seller 是针对类目中的销量排名第一的产品显示的，但是 Amazon's Choice 是针对关键词中表现最好的产品来显示的。只有这个产品在某个关键词上达到标准了才会获取。当卖家的产品获取了该标志之后，买家用语音搜索功能，就可以搜索到该产品。也只有拥有该标志的产品，才能被语音搜索功能搜索到，如图 3.16 所示。

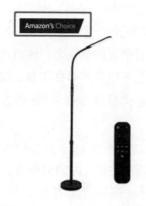

图 3.16　Amazon's Choice（亚马逊官方推荐）

3.3 产品详情页面认知

产品详情页面记录了产品的所有信息，也是决定卖家的产品到底会不会被消费者购买的决胜位置。完善的、优质的产品详情页面会提高产品的转化率，使产品在市场竞争过程中占据优势地位。因此透彻地了解产品详情页面，有利于我们后期运营，方便运营人员有目的地把握该运营方式。

3.3.1 产品图片

产品图片是买家了解产品的最直观信息，一套好的产品主图以及产品附图，可以直接让消费者产生下单的冲动。特别对于一些没有进行品牌备案的卖家，在无法上传 A+ 页面的时候，这一套产品图片就是相当于小的 A+ 页面。

后台可以上传 9 张产品图片，但是在计算机端前台只展现 7 张，其中第 7 张可以是图片，也可以是视频。而手机端只显示前 6 张产品图片。无论是手机端还是计算机端，亚马逊对第 1 张主图有严格要求，必须是白底图，而且不能有文案，如图 3.17、图 3.18 所示。

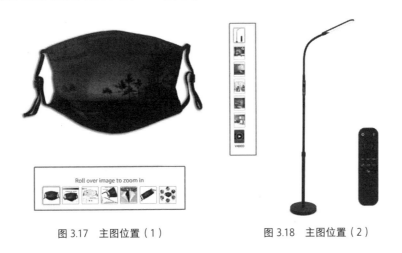

图 3.17　主图位置（1）　　　　图 3.18　主图位置（2）

3.3.2 产品视频

当产品进行了品牌备案之后，就可以上传视频，这样不仅可以提高产品的转化率，同时可以减少产品的售后服务时间。因为视频所表达的内容更加全面清晰，会减少消费者对产品的误解，同时有视频的产品，会拥有更多的流量渠道。

3.3.3 产品标题

产品标题在搜索结果页面，一般只显示 110 个字符左右，当进入产品详情页面就会展示全部 200 个字符，如图 3.19 所示。

图 3.19　标题位置

3.3.4 Visit the ×× Store

产品的标题下面有一个"Visit the ×× Store"标志，当店铺申请了商标并进行了品牌备案，并且设置了自己的店铺首页之后，在标题的下面就会显示这个标志，如图 3.20 所示。

图 3.20　品牌店首页入口

单击 Visit the × × store 会进入店铺的首页，如图 3.21 所示。

40 OFF %
UP TO
Hottest Deal of the Day!
24 hours ONLY
March 25th
AUKEY Truly Wireless Earbuds

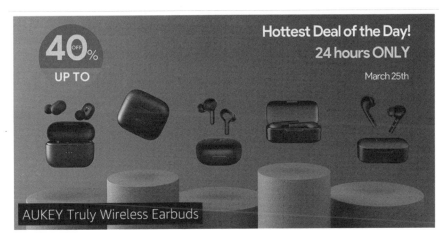

图 3.21　店铺首页

3.3.5　Brand

标题下面的“Brand”可以说明该产品的品牌是什么，显示 No Brand、Generic Brands、Generic、N\A、N\B、N\C 都代表这些产品是无品牌的。而且就算有些产品显示了品牌名字，也不一定进行了品牌备案，可能仅仅是申请了品牌白名单，如图 3.22 所示。

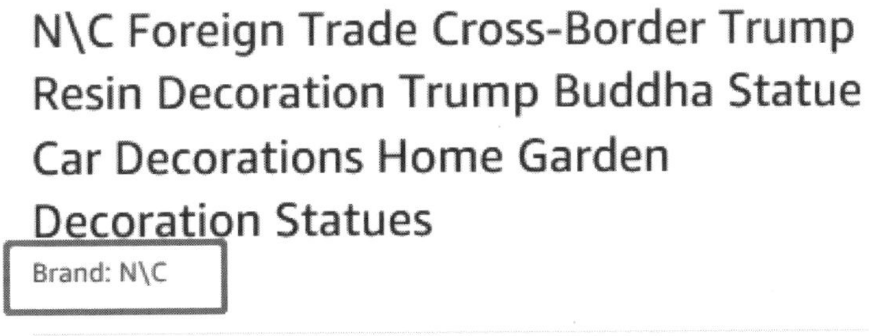
N\C Foreign Trade Cross-Border Trump Resin Decoration Trump Buddha Statue Car Decorations Home Garden Decoration Statues
Brand: N\C

图 3.22　无品牌名字示意图

3.3.6　评论数

评论数，以前亚马逊系统显示的是 review，系统更新之后现在显示的是 ratings 。其代表的意思是有多少个买家对产品进行了评价，如图 3.23 所示。

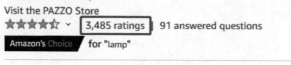

图 3.23 评论数

用鼠标左键单击评论数会直接跳转到该详情页面中的评论区页面,如图 3.24 所示。

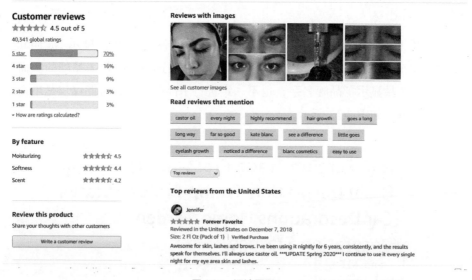

图 3.24 评论页面

3.3.7 库存显示

在产品详情页面第 1 页版面的最右侧,如果显示 In Stock.,代表着这个产品的库存充足,一般亚马逊库存超过 20 个就会显示 In Stock.。当库存数量不足 20 个时候,会具体显示还差多少个库存,如图 3.25、图 3.26 所示。

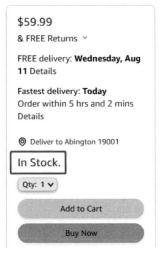
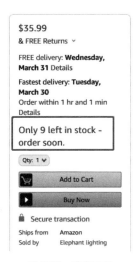

图 3.25　库存充足　　　　　　图 3.26　库存不足

3.3.8　如何区分亚马逊自营、FBM、FBA

亚马逊自营：在亚马逊详情页面第 1 版面右侧"Ships from"和"Sold by"显示的都是 Amazon.com，则该产品是亚马逊平台自营产品，如图 3.27 所示。

FBM 自发货：指在亚马逊详情页面第 1 版面右侧"Ships from"和"Sold by"显示的都是自己的店铺名字，如图 3.28 所示。

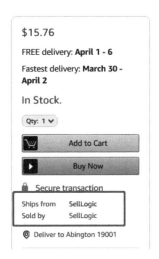

图 3.27　自营标志　　　　　　图 3.28　自发货

FBA：在亚马逊详情页面第 1 版面右侧"Ships from"显示 Amazon，在"Sold by"显示自己的店铺名字，如图 3.29 所示。

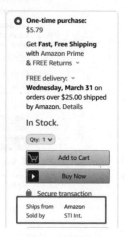

图 3.29　FBA 发货

3.3.9　划线价格

关于划线价格，亚马逊平台的规则一直有所调整，不同类目的设置方式有所区别，现在有三种方式可以设置。划线价格涉及消费者心理学，偏高的话，现价可以让消费者觉得自己占到了便宜，从而提高产品的点击率和转化率，如图 3.30 所示。具体的设置方法在产品的促销设置章节会给大家讲到。

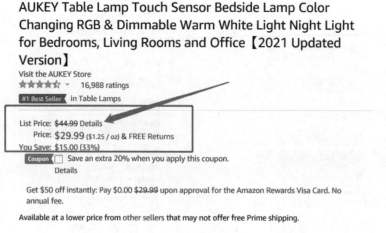

图 3.30　划线价格

其中 List Price 是划线价格，Price 是真实价格，You Save 表示划线价跟真实价格之间买家节省了多少钱。

3.3.10 产品五行特性

五行特性描述也是对转化率起到重要作用的一个因素。优质的五行特性会让买家迅速地了解产品的特点，解决对产品的疑问，从而让买家下单。产品的五行特性是对标题的补充，可以把产品的特点、买家的痛点、产品的参数等详细信息更加全面地写在里面。五行特性在手机端展示前三条，需要展开才能查看全部。在计算机端则显示全部 5 条，如图 3.31 所示。

图 3.31　五行特性

3.3.11 产品的正文描述

在产品详情页面标有"Product description"字样的位置，是产品正文描述的位置，是亚马逊用文字描述产品的地方。这里边填写文字是需要代码的，否则就是挤在一起的一大段内容。后文在产品上架章节会给大家详细讲解，一般来说很少有消费者去注意这块内容，如图 3.32 所示。

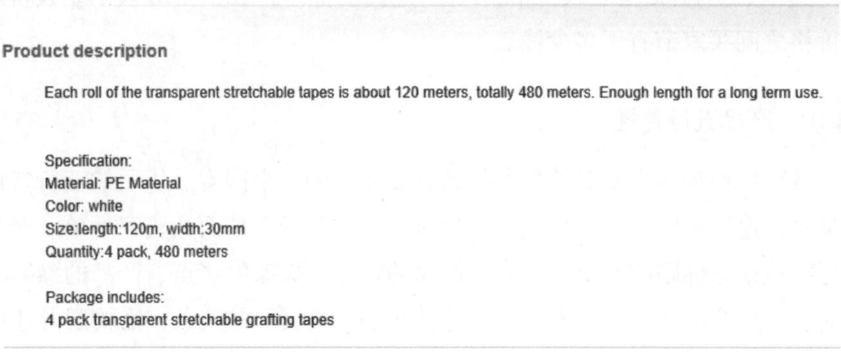

Product description

Each roll of the transparent stretchable tapes is about 120 meters, totally 480 meters. Enough length for a long term use.

Specification:
Material: PE Material
Color: white
Size:length:120m, width:30mm
Quantity:4 pack, 480 meters

Package includes:
4 pack transparent stretchable grafting tapes

图 3.32　正文描述

3.3.12　QA区

QA类似于国内电商平台的"问大家",是对产品的另外一种形式的评价。任何人都可以在QA区对你的产品进行提问,卖家自身或者买家都可以对该问题进行回答。当有消费者进行提问的时候,卖家的邮箱会第一时间进行提示。建议大家第一时间对该问题进行回答,因为你不回答就会有别人回答,你回答的话至少评价都是正面的、正向的,如果其他人回答很可能是负面的、负向的。如图3.33所示,显示该产品一共有92个问答。

Floor Lamp with Shelves - Shelf Floor Lamps by Real Solid Wood with 2 USB Ports & 1 Power Outlet, Floor Lamps for Bedrooms, Lamps for Living Room (Matt Black)
Visit the PAZZO Store
★★★★☆ 3,528 ratings | 92 answered questions
Amazon's Choice for "lamp"

Price: $59.99 & FREE Returns
Coupon ☐ Save an extra $5.00 when you apply this coupon.
Details

图 3.33　Q&A 问答数量

鼠标单击图3.33中框选的链接,就会跳转到QA问答区,如图3.34所示。

认识亚马逊前台　第 3 章

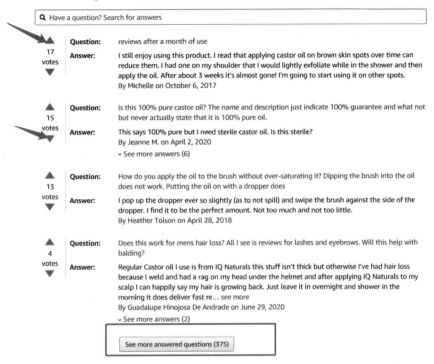

图 3.34　Q&A 问答区

如果这个评论有别人回答了，可以通过一些技术操作让这个回答排到下面被折叠起来，就是单击图 3.34 中的三角标，可以让该回答排名下降到图中的框选位置，这个位置是折叠区，只有点开了才能看到全部的回答。有些好的回答，你认为可以提升转化率，让消费者对产品更有信心，那也可以单击图中的向上的箭头，让他的排名上升。这里也是商战的区域之一，对你的竞争对手问一些比较敏感的问题，然后用卖家自己控制的买家号对问题进行不利于同行的回答，并且使该回答排名排到第 1 名，可以在一定程度上降低同行产品的转化率。

3.3.13　关联搭配

"Frequently bought together"表示消费者经常一起买的产品，也就是我们常说的关联。通过图 3.35 中方框位置可以选择是三个一起买还是两个一起买。这里是亚马逊系统自动识别的，没有办法设置，但是我们可以通过运营手法来稍微地控制。具体怎么控制，我会在"亚马逊的运营技巧"章节给大家详细讲解。

055

图 3.35　关联搭配

3.3.14　Feedback

Feedback 通常被叫作店铺反馈，指的是买家在一个店铺里购买过某个产品后，根据自己的购物体验和使用体验，对卖家店铺做出的评价，反映的是卖家的物流时效、客服水平和响应速度。并且，留店铺反馈的前提是该买家必须真实地在该店铺购买过商品，且需要通过订单记录页面来留下反馈。

正面的 Feedback 当然是越多越好，因为这会影响到你的账户的权重。一般来说，1% 的亚马逊客户购物后会留下 Feedback，所以对于卖家来说，收集客户反馈、处理负面反馈的工作是至关重要的。查竞争对手的 Feedback 情况，如图 3.36 所示。

图 3.36　店铺名字

单击图 3.36 标注所示部分，“Sold by”后面显示的店铺名字，就会进入产品的 Feedback 页面，如图 3.37、图 3.38 所示。

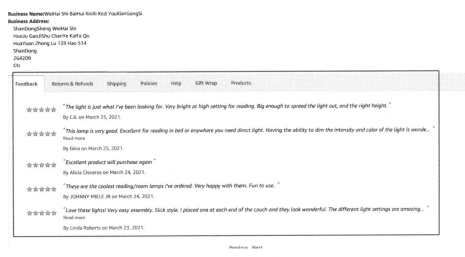

图 3.37　店铺信息

	30 days	90 days	12 months	Lifetime
Positive	100%	98%	99%	99%
Neutral	0%	1%	0%	0%
Negative	0%	1%	1%	1%
Count	64	138	224	224

图 3.38　Feedback（反馈信息）

这里会显示店铺获取的卖家 Feedback 在不同时间段的情况。其中 30 天的获取数量可以粗略判别这个卖家的每天出单量。例如，图 3.38 中卖家 30 天的客户 Feedback 评价数是 64，那么他每天出单大约在 180 单左右。我们可以根据这里的数据来判断这个卖家是一个大卖家还是中小卖家。所以图 3.38 中表示的卖家不是一个新手，是有一定经验的中等卖家，而且它的数据一直在上升。

3.3.15 广告位

亚马逊有一个独特的规则，就是在自己的 Listing 详情页面下，可以有其他卖家来做广告，当然规则也是相对公平的，你也可以在其他产品的 Listing 详情页面下面做自己的广告。图 3.39、图 3.40 所示，就是在别人 Listing 下面做广告时，广告会出现的位置。它们的共同点是都会在其上显示"Sponsored"这个单词。

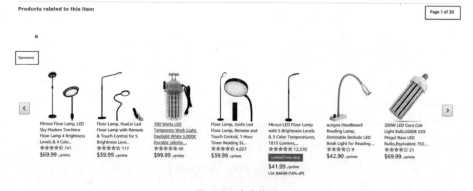

图 3.39　广告位置

图 3.40　广告位置

图 3.40 右上角有一个"Page 1 of 20"，表示在这个广告位一共有 20 个产品。通过三角标符号可以向下翻页，看到后面的其他产品。在我们做自动广告的时候，你可能会发现曝光量较大，但是没有点击数，就有可能是投放到了这里，因为这里的规则是，就算你没有在第 1 页的前 7 个产品中展示，那么也算一次曝光。

曝光也叫展现，代表的意思就是你的产品在消费者面前出现了一次。

3.3.16 参数页面

页面参数最重要的三个地方，首先是产品的尺寸，要注意产品尺寸的单位，美国站单位是英寸，如图 3.41 所示。很多新手卖家把单位写成了厘米，无形中增加了自己的费用，因为亚马逊对产品包装尺寸收费是按照你填的尺寸和实际测量尺寸的最大值来计算。

其次是产品的 ASIN 码，ASIN 码就是产品的身份证，每一个产品只有唯一的 ASIN 码。当我们要记住对手的一个产品的时候，不用复制它的链接，直接记住它的 ASIN 码，在搜索栏里直接搜索，就能搜索到该产品的 Listing。

最后是产品的类目排行。亚马逊会在这里显示该产品动态 BSR 排名，也就是根据销量计算的绝对位置，如图 3.42 所示。

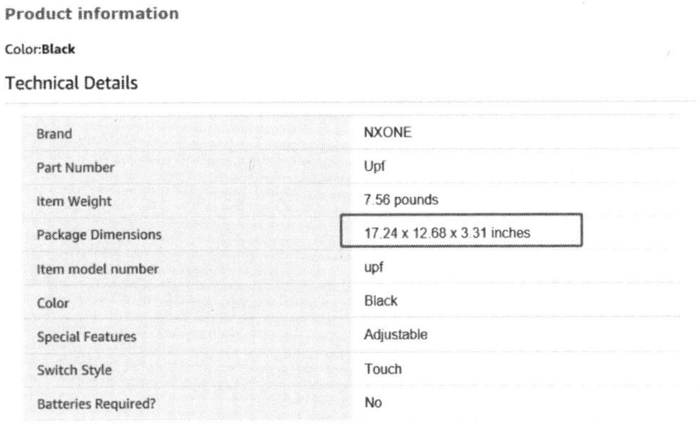

图 3.41 尺寸位置

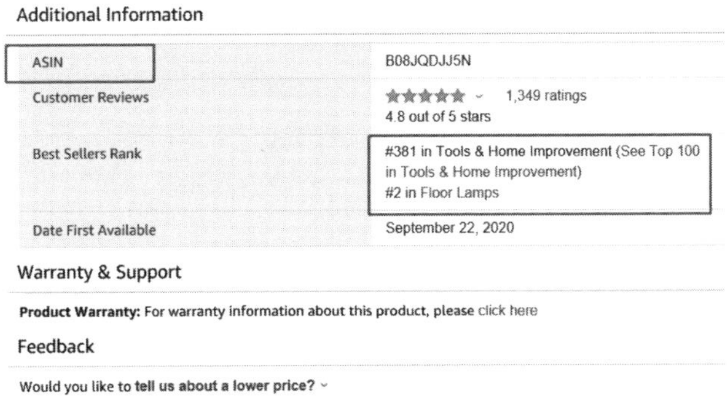

图 3.42 ASIN 与产品排名位置

单击图 3.42 中"#2 in Floor Lamps"这个榜单,之后就可以进入类目的销量排行榜,如图 3.43 所示。

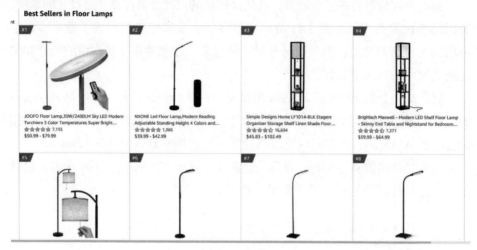

图 3.43 销量榜单

第4章 7分靠选品，3分靠运营

很多新手刚刚接触亚马逊电商的时候，在选品上很迷茫，不知道从哪里入手。本章给大家列出了常用的选品方法，让新手在前期阶段更快地步入正轨，少走弯路。做亚马逊对产品的要求比较高，产品为王。有好的产品会降低对运营技术的要求，新手只要选品选对了，很快就可以把亚马逊电商做起来。

4.1 如何选择适合自己的产品

选品可谓无论新手还是老手都在永远思考的话题。别人卖的好产品却不一定适合你，最好的不一定是适合的，适合的才是最好的，因此你要选择一个适合你的类目进行切入。

4.1.1 地域的优势

中国地大物博，每一个地区都有自己独特的人文资源、工业资源、自然资源，从自己的居住地出发，选择独特的产品是一个比较简单的方法。因为某些地区已经形成了完整的产业链，供应链条比较集中，那么它的产品成本就比别的地方的要低，产品种类也比较新颖，走在潮流的前面。

如何去寻找本地的优势产品呢？有以下几种方法。

- 本地黄页搜索。
- 本地规划局网站搜索产业布局、城市总体规划，控制性详细规划等资料。
- 1688筛选功能的地区筛选，如图4.1所示。

下面给大家举一些例子。

1. 广东省

汕头：儿童玩具、睡衣、衬衫、T恤。

深圳：华强北的3C电子类、松岗的琥珀、水贝的珠宝、大芬村的油画、南油的高档女装、化妆品。

东莞：虎门的服装、布料、酒店用品、纸尿裤。

中山：各种灯具。

佛山：家具、纸尿裤。

普宁：中档女装。

广州：女装、男装、化妆品、婚纱、花都区箱包。

2. 东北三省

葫芦岛：比基尼、泳衣。

3. 山东

即墨区、枣庄：针织类服饰。

济宁市：手套。

海阳市：羊毛衫。

威海：渔具。

4. 浙江省、江苏省、福建省

义乌：生活用品、饰品、玩偶、小商品等。

温州：皮革制品、真皮鞋。

江阴市：毛纺织品、帆布类、纱卡类、平绒类。

福州市：渔具。

白沟：箱包。

图 4.1　1688 网

4.1.2　职业和兴趣爱好的强大作用

当通过地域法找不到什么产品，本地又没有好的产业带，或者不想通过地域法选品时，我们可以通过兴趣爱好选品，这里讲的兴趣爱好不是停留在脑海里的，而是指你有一定的实践、有一定的圈子，了解这个圈子的人所需要哪些服务、哪些产品。根据这部分圈子的人去深挖需求，同时结合当地国的国情去选择产品。也可以通过你所从事的职业去选择，你的职业所需要的需求、服务、产品，以及你职业所服务的对象所需求的产品，都可以作为你的选品方向。

如果是没有工作的宝妈，那么你最了解自己的孩子，你可以从母婴产品、玩具、童装等类目入手。如果是学生，可以通过你所学习的专业、学生生活方向来选品。

4.1.3 周边资源的合理利用

有一个理论叫作6度空间理论，意思就是一个人想联系世界上任何一个人，中间最多只需要6个中间人。比如你想跟远在美国的拜登总统通电话，那可能中间只需要通过6个中间人。所以通过亲属朋友的协助，我们实际上可以拥有我们自己都想象不到的资源。根据这个理论，我们就可以深度挖掘自己身边的资源。

合理利用周边资源最简单的方式就是利用自己家的工厂、自己亲属、朋友们的工厂或者是他们所能联系到的所有资源。还可以通过自己的职业、自己的供应商、自己的客户、自己的同事，间接或直接利用能够接触到的资源。

4.2 新手选品基础方法

选品是做亚马逊最重要、最基础的部分。选品方法多种多样，掌握更多的选品方法，可以提高大家选中好产品的概率。要想灵活地运用各种选品方法，首先要对基础选品方法有一定的了解。

4.2.1 亚马逊榜单选品法

在榜单选品种中的5个榜单，分别是Best Sellers（销量排行榜）、New Releases（新品排行榜）、Movers&Shakers（飙升排行榜）、Most Wished For（加购排行榜）、Gift Ideas（礼品排行榜），如图4.2所示。

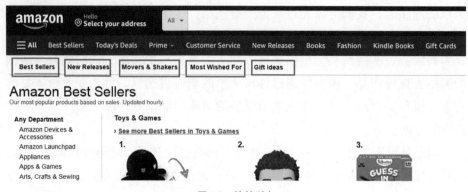

图 4.2　榜单列表

以上 5 个榜单，每个榜单都有各自的特点，那么我们在选品的时候，可以根据自己的需求去选择对应的榜单进行跟踪选品。以下对 5 个榜单进行详细讲解。

1. Best Sellers（销量排行榜）选品

在做选品的时候，打开我们所感兴趣的任意一个 Listing，在产品的参数栏里面有一个 BSR 排名，如图 4.3 所示。

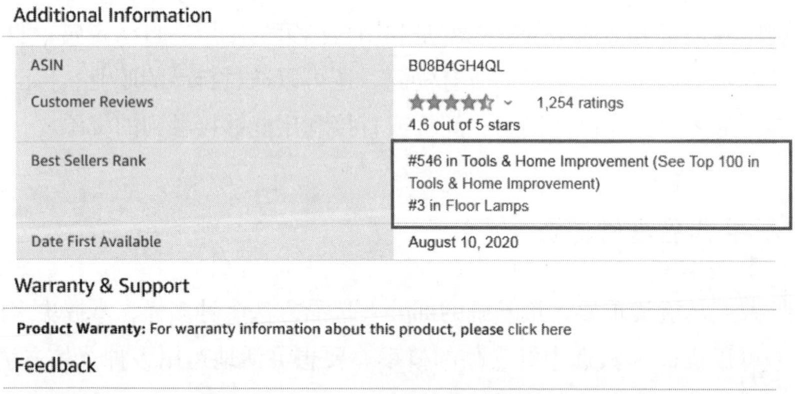

图 4.3　榜单入口

单击相关类目，就会进入该细分类目下的最畅销的前 100 个产品。这个榜单主要是根据销量进行排名，能坐到这个位置的产品，基本上都是受到站点国买家十分喜爱的产品。BSR 榜单每小时更新一次，即你在上一个时间周期内，单量能排到前 100 名就可以排在榜单中。因此就算是一些新品，如果受到消费者的青睐，同样可以排在 BSR 榜单当中，如图 4.4 所示。

对这 100 个产品进行深度挖掘，包括产品的价格、功能、类型、颜色、标题、图片、review 评分以及数量，来分析我们到底该做哪种产品，能否操盘该细分类目。对于榜单选品中的 Best Sellers 进行选品，如果说这个榜单当中半年以内的新品有 5 个以上，评论数量在 50 以内的有 5 个以上，就很适合新手去做。

图 4.4 销量榜单

2. New Releass（新品排行榜）

一些卖家每天专门去看新品排行榜，发现产品 review 数量很少，上架时间很短的情况下，产场就能排在前面，那么这些卖家就去做同款。这也是一种选品方法，就是不断跟新品榜单，每天都去看。这个榜单每小时更新一次，一般都是三个月以内的新品。

3. Movers&Shakers（飙升排行榜）

飙升排行榜的用法跟新品排行榜基本一致。卖家专门跟飙升排行榜，观察里面 review 数量比较少的产品，上架时间比较短的产品，人气增长比较高的产品，从而去跟卖或者是做相同款。跟新品排行榜不同点在于这个榜单是显示每天增幅最快的产品，同时它会直观地显示出人气的增长变化。在"飙升排行榜"榜单上都会有一个绿色或红色的箭头，绿色箭头表示产品的人气在上升，红色的表示人气在丧失。它会显示出人气指数，并且数据是 24 小时连续更新的。根据这些箭头的指示，卖家们可以选择一些潜力大的产品，如图 4.5 所示。

图 4.5 飙升榜单

4. Most Wished For（加购排行榜）

加购排行榜就是买家加到心愿单里比较多的产品，可以作为辅助选品的一个榜单，用得比较少。但是它可以反映最近时间段内平台卖家的一个用户需求和销售趋势。

5. Gift Ideas（礼品排行榜）

礼品排行榜一般都是在活动的时候会用到，但是它的实用性不是很强，主要是针对节日，可以知道站点所在国的人喜欢送什么样的礼品，帮助我们为下一年的活动选品做一个提前的记录。当一个产品出现在多个榜单里的时候，建议大家对该产品进行特别关注，因为这种现象意味着一款新的现象级产品的诞生，抓住这个机会可能就会一下子把店铺做火。

4.2.2　店铺跟踪法

竞争对手是最好的老师，新手前期可以通过观察优秀店铺，从而去了解对手的选品思路和选品方向，做到心中有数。也可以直接去跟款优秀店铺的新品，他上什么新品你就上什么，这样就减少了选品的时间，前提是你能找到该款产品或者相似品。

有些卖家专门跟款美国卖家店铺。因为中国卖家的运营技术比较高，比美国领先三年左右，而美国卖家都是佛系出单，同时美国卖家更了解美国本地人的需求。所以跟款美国本地店铺也是一个前期很好的选品方向。下面给大家演示一下如何跟款一个店铺的产品。

1. 单击产品详情页面左侧"Sold by"后面的店铺名字，如图4.6所示。

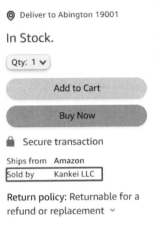

图4.6 店铺名字

2. 单击"Products"按钮，进入商品列表，如图4.7、图4.8所示。

图4.7 查看产品位置

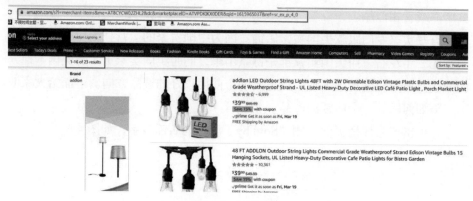

图 4.8　产品列表

图 4.8 中框选的网址可以保存到一个文件里,每天坚持去看,跟踪他的产品的情况。当然现在可以通过一些工具软件替代这种手工的方法,比如卖家精灵,但是还是要介绍一下。

图 4.8 里面框选的"1.16 of 23"的意思是这个对手一共有 23 个产品在卖,每页显示 16 个产品。经常跟踪一些大卖家的产品,会提升你选品的能力,因为行业大卖家在选品上,会做很多维度的市场调研、数据分析,然后才会决定要不要做这个产品。经常浏览大卖家的产品,会提升你的选品思路,从而快速拉近你和大卖家之间的选品思维差距。

当然,如果有了亚马逊辅助工具"卖家精灵",就可以直接收藏,省去了人工操作的麻烦,可以直接清晰地看到 7 天、15 天、30 天、60 天的上新情况,直接单击对应的数字,可以直接看到它上新的产品,如图 4.9 所示。

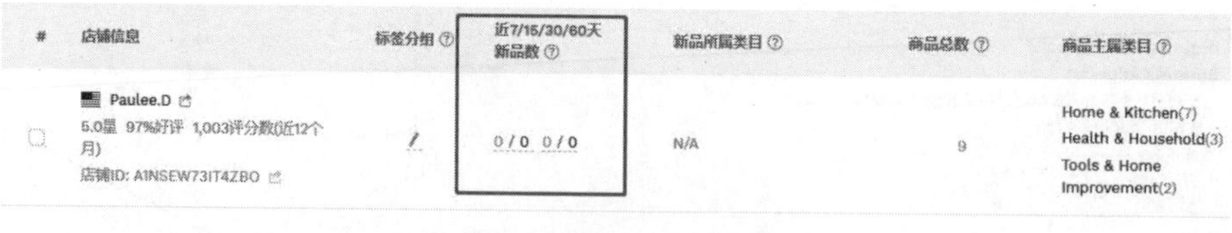

图 4.9　卖家精灵店铺监控

4.2.3　人群精挖法

每个人都有自己的圈子、自己的特性,在买产品的时候,都会满足他自己的独特需求,那么我们可以以一种非常简单的方式去寻找某个人群的购买产品的倾向。首先进入一个某些人群会用到的产品页面,通过这个产品的评论区找到购买这个产品的买家。单击买家头像，进入这个买家的购买路径，从而看到他之前买过的其他产品的记录，如图 4.10 所示。

图 4.10　买家头像

在这里你就会发现你从来没有想到过的产品，从而扩展自己选品的思路和方向。买家的历史购买记录，如图 4.11、图 4.12 所示。

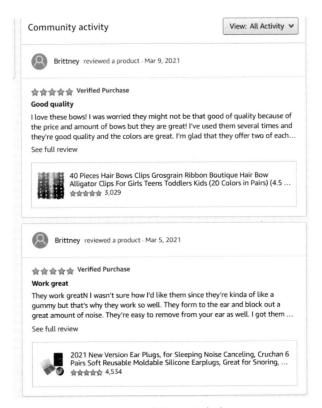

图 4.11　买家购买记录（1）

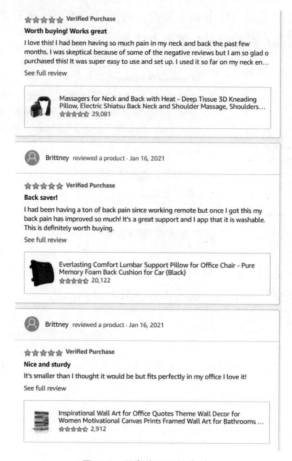

图 4.12　买家购买记录（2）

4.2.4　类目精挖法

亚马逊这个电商平台虽然一直标榜的是"重产品、轻店铺"，但是现在慢慢地也开始往重店铺的方向转变，因此做小而美、垂直类目的产品是未来的发展方向，而且利润也比较高。同时做垂直类目，产品的关联性比较大，会增加店铺的转化率，提升利润率。因此我们在选品的时候，可以专门选择一个细分类目深度挖掘。

例如，通过 Any Department 进入榜单类目列表，选择你所关心的一级类目，如 Baby，二级类目 Diapering，三级类目 Cloth Diaper Accessories，四级类目 Pins&Fasteners，去选择你感兴趣的产品，如图 4.13 所示。

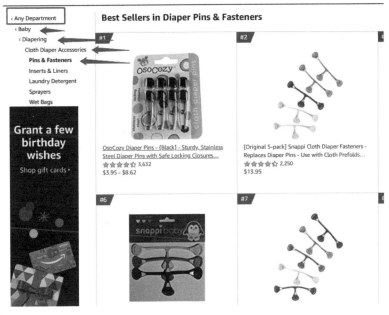

图 4.13　销量榜单

4.2.5　1688 选品法

1688 网站是做亚马逊的卖家常用的网站，虽然说它的价格可能不是最低，但是它一定是产品最全的。关于一些价格比较低的货源网站，我在后面的章节会给大家讲到。1688 网站也推出了专门针对跨境电商的服务项目。除了跨境专供里边的产品以外，1688 网站国内版的产品也可以卖到亚马逊，通过图 4.14 中框选的位置，我们可以用图片在 1688 网站搜索同款和相似款，更加方便快捷地寻找产品。

图 4.14　1688 网站图片查找

4.2.6 跟供应商产品线法

一些供应商具备市场研发的能力，对市场的发展趋势把控得比较准确，甚至因工厂的实力比较强，能从研发端影响市场。这样的工厂往往具备很强大的更新换代能力。一旦找到这样的供应商，那么你就直接去上他的新款就可以了。对于新手来说，就可以把选品的这部分工作完全交给供应商。在选品的过程中，我们可以更多关注供应商那边的消息，甚至是有意识地大量收集供应商信息，去观察他们研发的共性方向，从而选择自己要做产品。

每种选品方法都有它的局限性，也有它的适用范围。利用正确的选品方法，可以提高我们选品的成功率。利用其他平台选品，要了解各个平台的特点，以及不同平台在不同站点国的市场占比。知己知彼，才能通过跟款法选择适合的产品。

4.3 多平台跟款法

现在跨境电商平台遍地开花，每个国家都有很多的平台，我们实际上是可以进行跨平台选品的，目标国一个平台的产品卖得好，那么它在别的平台大概率同样会卖得好。美国站可以借鉴的其他平台有沃尔玛、自建站、eBay、Wish、Etsy（手工品为主）、Google 购物等。日本站可以借鉴的平台有雅虎、乐天。欧洲站可以借鉴的平台有 eBay、Wish、Google 购物、垂直类网站。意大利的平台有 ePRICE，法国的有 Cdiscount，德国的有 real.de。

多平台跟款法主要思路：
- 选出数据好的市场，并找准主关键词。
- 利用该主关键词，通过该国家多渠道网站去查询卖得好的产品。
- 反查该产品在亚马逊是否有很多人跟买了。
- 从卖得好的产品出发，直接在亚马逊跟风或者二次开发。

4.3.1 eBay 跟款法

下面以英国站 eBay 为例，介绍 eBay 跟款法。

1. 先用谷歌浏览器搜索"英国 ebay"，如图 4.15 所示。

图 4.15　Google 搜索

2.可以通过类目查找，也可以通过核心关键词去查找相关产品。经过对比分析，找到销量比较好的产品，如图 4.16 所示。

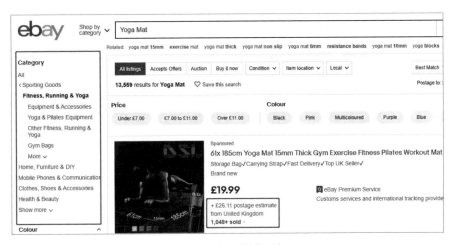

图 4.16　ebay（易趣网）

再回到亚马逊，通过专业选品软件（如卖家精灵）进行数据查询，看亚马逊是否有同款产品。如果没有同款产品或者同款产品比较少，那么就是一个可以去尝试的产品。

4.3.2　利用速卖通选品

1.进入速卖通网站，可以通过左侧栏去选择感兴趣的类目，也可以通过搜索栏搜索核心关键词，例如 iPhone case，如图 4.17 所示。

图 4.17　速卖通

2. 通过销售的单量进行排序，选择需求量多，同时竞争环境小的产品，如图 4.18 所示。

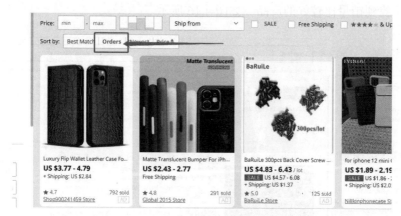

图 4.18　速卖通前台

3. 再回到亚马逊平台上对该产品进行反查。看需求和竞争环境情况如何，如果满足你的需求，那就可以作为选品的候选之一。

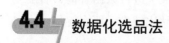 数据化选品法

数据化选品，是通过一定的逻辑对收集来的海量数据进行处理，把 Listing 的各项数据结构化地呈现，帮助卖家找到符合自己预期定位的产品。本节将基于卖家精灵案例，把选品量化，让选品实现真正意义上的落地，帮助大家理解

数据化选品的逻辑，推动自己深度思考，学会看数据、分析数据，并能通过数据做决策。

4.4.1 基于关键词大数据选品

买家在亚马逊的每一次搜索都代表着对某类产品的需求。关键词选品就是基于买家搜索行为来发现潜在市场，帮助卖家通过关键词的月搜索量、购买率等数据，来了解亚马逊的买家需求及对应的产品。

通过卖家精灵的关键词挖掘工具，挖掘趋势在增长的关键词，如图 4.19、图 4.20 所示。

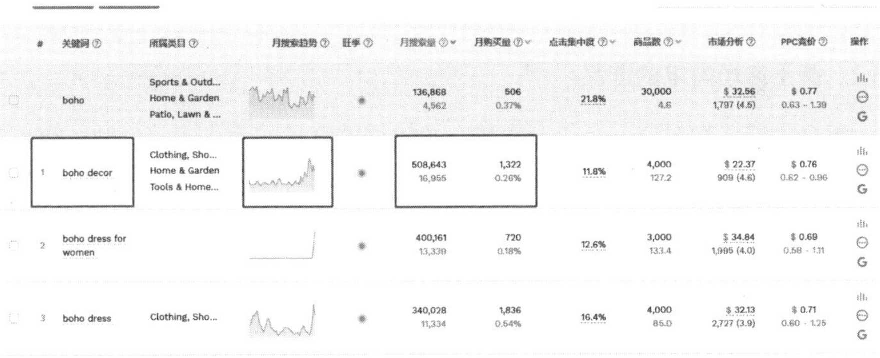

图 4.19　挖掘趋势

图 4.20　关键词挖掘

通过判断关键词的月增长趋势、月搜索量、月购买量、竞争对手数量、供需比，来选择关键词，再通过该关键词去选品。利用卖家精灵，只要把鼠标光标放到关键词上，就可以看到该关键词下自然排名前 10 的产品，如图 4.21 所示。

图 4.21　自然排名前 10 的产品

4.4.2　基于市场需求的选品

每个关键词都对应一个细分市场，关键词搜索量的大小直接反映了市场需求大小和容量，也是卖家选择竞争赛道时的重要参考指标。

对于实力雄厚的卖家，关键词月搜索量低于 10 万个的市场，他们看不上，因为体量太小，不符合他们的销量预期；对于刚入场的中小卖家，则会优先选择月搜索量较小的市场，因为月搜索量大的市场，往往也意味着竞争更大。

卖家精灵的"关键词选品"功能，提供了多种推荐选品模式，如"热门市场"（系统自动填充过滤条件：月搜索量 >100 000，月搜索量增长率 >10%），可以筛选出某类目下搜索量较大且处于增长的市场。

再根据自己的实力和偏好，叠加其他筛选条件，如有资金优势的卖家，可以选择高客单价的产品切入，以利润取胜，如图 4.22 所示。

图 4.22　筛选

查询结果默认按照关键词月搜索量的大小降序排列，排名越靠前的关键词，月搜索量越大，如图 4.23 所示。

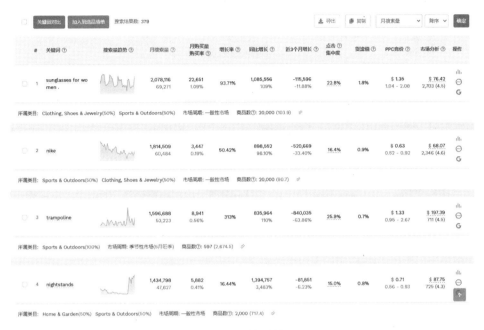

图 4.23　关键词数据

4.4.3　基于产品大数据选品

通过卖家精灵的选产品工具进行微观选品，集成亚马逊上所有有动销产品的数据，通过销量增长率、评论增长数等过滤条件，帮助卖家发现产品，如图 4.24、图 4.25 所示。

图 4.24　选产品

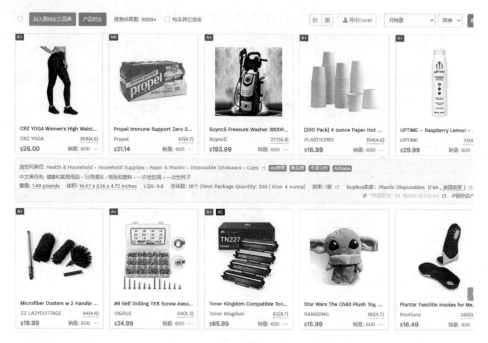

图 4.25 发现产品

4.4.4 基于市场趋势的选品

亚马逊后台品牌分析功能（ABA）中的关键词搜索频率排名，提供了在特定时间段内被搜索次数最多的关键词，很多人会通过该数据来进行选品，期望能在快速变化的市场中捕捉机会。

但往往会被忽略一点是：头部关键词所指向的细分市场，要么已经市场成熟，要么就是爆款，对大部分卖家来说是可望而不可及的。所以建议大家轻头部，重趋势。

卖家精灵的"关键词趋势选品"功能，除了提供关键词搜索频率排名外，还集合了排名增长率、排名趋势、周变化量等数据，能够帮助卖家找到那些趋势正在缓慢而稳定上升的产品，这样的产品需求才能在一定时间内保持稳定。

选择一个自己感兴趣的类目，如 Sports & Outdoors，再单击"趋势市场"按钮（系统自动填充过滤条件：排名增长量近 4 周 >10000，排名增长率近 4 周 >10%），如图 4.26 所示。

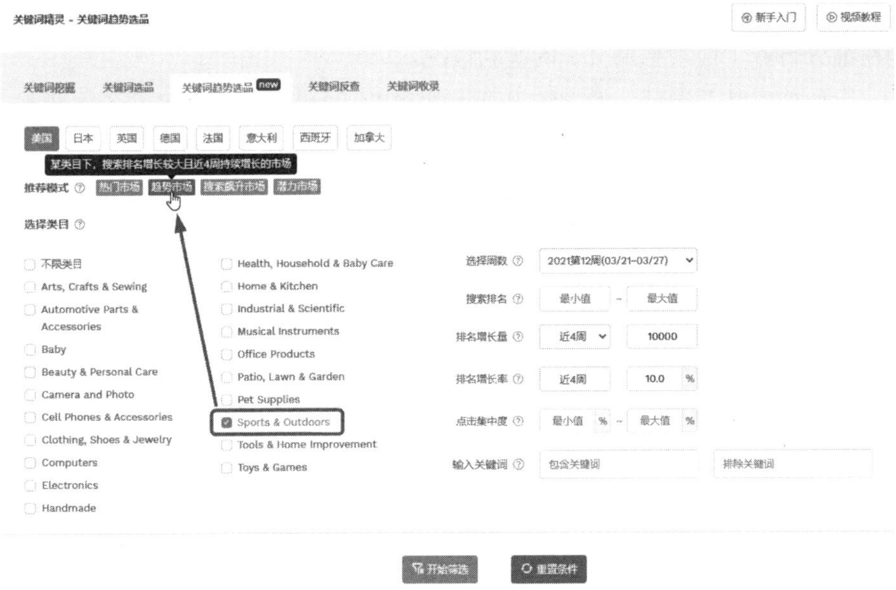

7分靠选品，3分靠运营 第4章

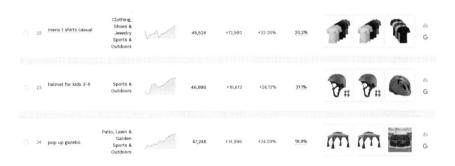

图4.26 趋势市场

就可以初步筛选出 Sports & Outdoors 类目下搜索排名增长量较大，且近4周持续增长的关键词细分市场，如图4.27所示。

图4.27 4周持续增长的关键词细分市场

4.4.5 基于市场竞争的选品

竞争是市场成熟的表现，一般来说蓝海市场的竞争相对更小，也就是处于市场早期。而关键词搜索结果页下同类产品的表现决定了关键词的竞争难度。

卖家精灵"关键词选品"功能下的"点击集中度"指标，指的是某关键词搜索结果页点击量前三 ASIN（Amazon Standard Identification Number，亚马逊标准标识号）的点击量在该关键词总点击量中的占比，一定程度上反映了关键词在细分行业（搜索结果页）的垄断情况。

比如搜索某关键词，搜索结果页一共有 1 万个点击，但前 3 个点击量最大的 ASIN 占所有点击的 80%，说明这 3 个 ASIN 的吸金能力太强了，搜索流量几乎都被它们吸走了，虽然这个关键词搜索量很大，但其他卖家很难分到一杯羹，典型代表就是关键词"airpods pro"（月搜索量过千万个）。

所以如果想要寻找竞争较小的细分市场，就可以优先以点击垄断率排序或过滤，找出点击垄断率最小的关键词市场，如图 4.28 所示。

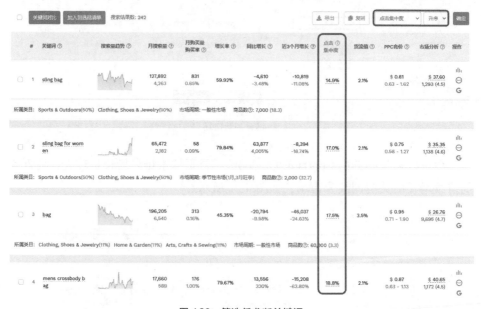

图 4.28　筛选低垄断关键词

4.4.6　基于新型市场的选品

当市场进入红海阶段，从存量市场中挖掘增量市场就变得尤为重要。比如以前没有，今年才出现的市场，无疑就是增长发力的新型市场。

卖家精灵"关键词选品"下的新细分市场，其原理是筛选出（今年）当月有该关键词的搜索量，而去年该月没有该关键词的搜索量的市场，这一指标可以跟其他过滤条件结合起来筛选出新型市场。

选择一个类目，单击右侧推荐选品模式中的"类目飙升榜"按钮（系统自动填充过滤条件：月搜索量 >10 000 个，月搜索量增长率 >10%）。

再勾选"新细分市场"复选框，即可筛选出某类目下去年还未出现、近期搜索增长较快的新兴热门市场，如图 4.29、图 4.30 所示。

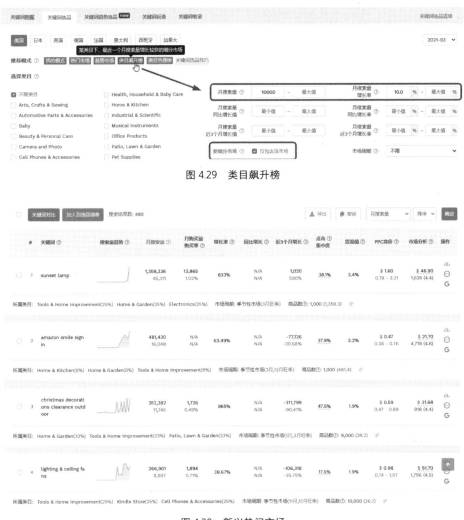

图 4.29　类目飙升榜

图 4.30　新兴热门市场

使用关键词大数据选品，最重要的是掌握其原理，贴合自身实际情况，设置最精准的筛选条件，快速缩小范围找到符合自己选品预期的关键词市场，真正决定是否要进入该市场，还需要进行全面的市场分析。

4.4.7　基于市场潜力的选品

有些亚马逊卖家能连续打造出爆款产品，即便很少参加推广活动，产品销量也能稳定增长，这很有可能是因为选中了潜力市场。什么样的市场才算是潜力市场？毫无疑问，最佳潜力市场是高需求低竞争的市场。但要找出这样的市场未免过于理想化。那么退而求其次，我们可以筛选出目前不算太"爆"，但未来有上涨潜力的"潜力股"产品。

单击卖家精灵"选产品"功能下的"潜力市场"按钮（系统自动填充过滤条件：月销量<600，月销量增长率>10%，上架日期为近半年），筛选出月销量目前不算太大但处于增长趋势的产品，上架时间短代表新品也能在短期内打入市场。如果是贸易型中小卖家，那这类潜力市场一定适合。

还可以叠加价格为10~30美元的筛选条件，帮助找到不用投入过多资金成本又有一定利润空间的产品，如图4.31、图4.32所示。

图 4.31　潜力市场

图 4.32　产品示意

4.4.8 基于产品成熟度的选品

工厂型卖家一般拥有较强的生产和研发能力，但由于生产线的限制，往往产品品类会比较单一。所以建议这类卖家针对自己的品类进行深入研究，基于产品成熟度，包括材质、尺码、颜色、款式等各方面的细节属性，在细节上做出差异化。

卖家精灵"选产品"功能下的"未被满足的市场"（系统自动填充过滤条件：月销量>300个，评分值<3.7）选品模式筛选出的选品，市场整体销量不错，但评分较差，说明产品有一定的改进空间。如果是工厂型卖家，有一定的产品改造生产力，不妨通过对这类产品的评论进行细化分析，找到可以改进的地方，充分了解产品的品质状况和买家诉求后进行产品升级上架，如图4.33所示。

图4.33 未被满足的市场

4.4.9 基于资金周转的选品

一个爆款的诞生往往建立在多次测款失败的基础上，对于那些在亚马逊仓库里蒙了灰尘的滞销品，放弃了心有不甘，不放弃又对高额的仓储费忧心忡忡。还有更悲催的是，产品销量不错，但利润全压在库存里，特别是旺季备货时，资金周转仍然是中小卖家的痛。所以如果是初入亚马逊想练练手或者想尝试零库存的转卖销售，不妨尝试一下某类目下销量不错但以自发货为主的产品。

单击卖家精灵"选产品"功能下的"不压库存的市场"按钮（系统自动填充过滤条件：月销量>300，配送方式为FBM），如图4.34所示。

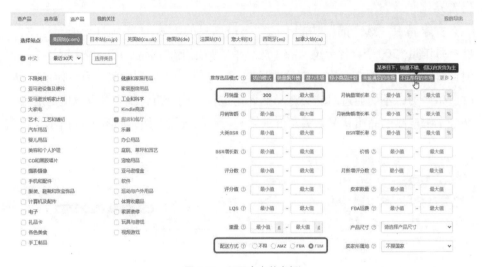

图4.34 不压库存的市场

单击筛选结果产品下方的"Alibaba"按钮，还能一键跳转到阿里巴巴基于图片相似度寻找同款货源，享受一条龙服务，如图4.35所示。

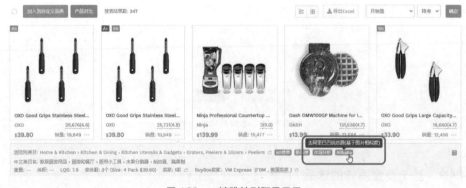

图4.35 一键跳转到阿里巴巴

选产品，是微观选品，只能代表个例。初步选出产品后，最重要的还是对该产品所在的细分市场进行全面分析，最终再决定是否要进入该市场。

4.4.10 基于市场垄断的选品

现在的亚马逊虽然机会尚存，但是新手入场所需要的成本和面临的竞争，较之前都有巨幅的上升。特别是市场竞争情况，是直接影响运营成本的重要因素。通常卖家会根据市场Listing垄断性、品牌垄断性、卖家垄断性这三方面分析市场的竞争性，只要其中一方面偏高就说明这个市场竞争激烈，新卖家如果没有资金、资源的优势不建议轻易进入。

Listing垄断性、品牌垄断性、卖家垄断性，一般体现在某个细分市场下的商品中表现较好的Listing、品牌和卖家的销量占比，如果该市场的销量都集中在少数的几个Listing、品牌或卖家中，则说明市场垄断性高。

卖家精灵的"选市场"功能，将这些数据集成为商品集中度、品牌集中度和卖家集中度。把具有代表性的一部分产品作为整个细分市场的缩影，以这些产品为样本数据，就可以大致判断出该市场的竞争和垄断程度。比如要对某个细分市场进行分析时，样本商品设置为销量前100的商品，头部商品为销量前10的商品，集中度指标则为头部商品的销量占样本商品总销量的比例。集中度越高，市场垄断程度就越高。

在市场竞争指标中设置过滤条件：商品集中度、品牌集中度、卖家集中度最大值均为60%，如图4.36、图4.37所示。

图4.36 集中度筛选

图 4.37 细分市场

或者直接将查询结果按照集中度升序排列，可以快速筛选出某类目下低竞争度的细分市场，一般来说，集中度越低，说明销量分布较为分散，竞争度不高，越有机会突破，如图 4.38 所示。

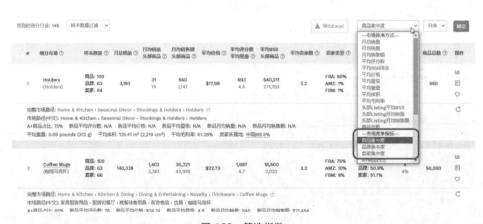

图 4.38 筛选指数

4.4.11 基于市场波动的选品

市场波动率越大，说明产品更新迭代较快，对新品的进入是友好的。但也可能是不成熟的市场，新品会很容易因为盈利达不到预期而出局。通过某个细分市场下新品的表现情况，就可以大致判断出新卖家进入该市场的难易程度及存活难度。

在卖家精灵"选市场"功能下，选择一个大类或二级类目后，将查询结果按照新品数量降序排列，新品数量占比越大，说明市场机会越大，能快速找出潜力市场。还有一些细分市场新品数量占比很大，但产品生命周期会较短，比如服饰类，不断地有新款式推陈出新，如果没有深入了解，不建议新手卖家进入这一类市场，如图 4.39 所示。

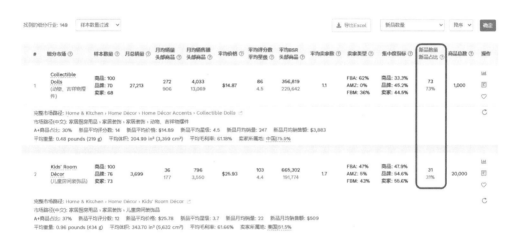

图 4.39　新品占比

4.4.12　基于发货类型的选品

FBA 模式虽然能够提供良好的用户体验，还能得到亚马逊平台的扶持，但回本周期长，高额的费用也会让库存压力进一步变大。而 FBM 模式的发货周期虽然比 FBA 长，但单件产品利润更高，也不需要囤货。

把发货类型作为选品条件，筛选出 FBM 占比更多的细分市场，对于新手卖家来说更加灵活方便，风险更小。

卖家精灵的"选市场"功能将卖家发货类型分为 FBA、FBM 及 Amazon 自营三种。Amazon 自营毕竟是亚马逊的"亲儿子"，资源优势更多。所以一般来说，Amazon 自营占比越大，说明市场进入壁垒越高。

设置平均价格小于 $40，FBM 占比大于 30%，可以筛选出竞争较小且前期投入成本不会过高的细分市场，如图 4.40 所示。

图 4.40 筛选条件

将筛选结果按照集中度升序排列，可以更快一步发现低竞争度的市场，如图 4.41 所示。

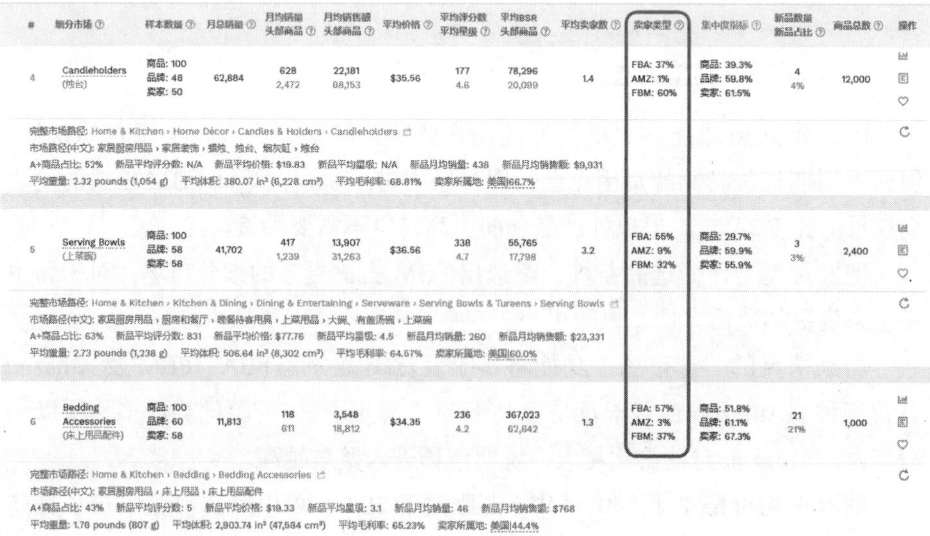

图 4.41 自营、FBA、FBM 占比

4.5 国外社交媒体选品法

随着社交媒体在国内外渗透到了生活中的方方面面，社交媒体选品可以让我们选到自带流量的款，很容易做出现象级产品。越来越多的人是通过社交媒体了解产品，然后通过电商平台去购买。可以说社交媒体改变了人们的购买习惯。

常用的社交媒体有 Facebook、Twitter、LinkedIn、Pinterest、Instagram、Youtube、Snapchat、Whatsapp 等。

4.5.1 利用社交媒体的测评群选品

因为新手卖家在选品上技术不成熟，所以我们可以看看其他卖家都在做什么产品，例如我们可以加入社交媒体中的测评群潜水，看看其他大卖家都在测评什么款型，来给自己的选品寻找方向，因为成熟卖家去测评的款型一般都是前期经过了大量时间的准备和测品。这样节省了新手卖家大量的选品时间，同时也可以慢慢培养自己的选品思路、选品思维。

例如，先注册一个 Facebook 账号，然后直接搜索测评群组，加入后潜水即可。

4.5.2 利用海外版抖音（TikTok）选品

国内的电商发展要比国外领先几年，因此国内的经验可以作为亚马逊发展的借鉴。2018 年，通过抖音很多淘宝店铺流量获得了爆炸式增长，而且目前国际版抖音在国外也是相当的火。2019 年有很多现象级的产品都是先在国际版抖音 TikTok 火起来，然后在电商平台大卖的。

可以通过平时多浏览，或者搜索你所做类目的关键词，或者跟住某个做垂直的网红视频的方式来去了解 TikTok 上的情况。

4.5.3 利用Youtube的Tubebuddy选品

文字不如图片，图片不如视频，在所有的社交媒体中，个人认为视频是最好的传播媒介，可以利用 Youtube 的 Tubebuddy 插件选品。输入关键词，可以看到这个产品在 Youtube 上的用户搜索量、增长趋势，以及消费者的用词习惯，不仅可以给我们选品提供判断依据，也可以对我们设置广告关键词有参考意义，如图 4.42 所示。

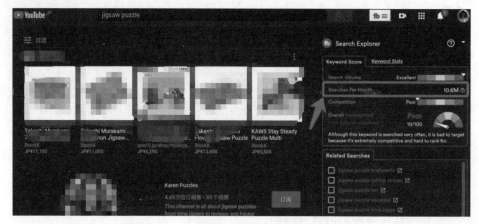

图 4.42 Tubebuddy

案例故事 ❶

何女士是我 2019 年的一个学员，住在深圳龙华，文化程度不高，初中学历。她总是说，这么多选款法学不会啊，看着就头就疼。

但是她这个人比较能吃苦，刚做亚马逊的时候，跑遍了华强北的所有档口，每一个档口都留了名片加了微信。这些档口老板会在微信里的朋友圈发一些新产品，那么她也不管三七二十一，只要有人发她就上。

然后，每隔一个半月，她就去华强北一次，看看有没有哪些新开的档口，再去要微信号。就这样不断地去关注供应商的产品，不断地上新，不断地把没有销量的、表现不好的产品下架。

只是用了这种被动式的跟供应商产品线的方法，到 2020 年底，一年赚了近 20 万元人民币，她每个月的利润也有 2 万元人民币左右，比她之前打工做服务员要好很多。可以说是做亚马逊改变了她的命运，而且她只是掌握了跟供应商产品线法，当然这也跟她的勤奋努力分不开。

案例故事 ❷

小张是 2020 年刚刚毕业的大学生，去年 11 月份她的朋友带她来线下交流会，她的男朋友是工程师，她自己刚刚毕业还没有找工作，想了解一下亚马逊。她之前没毕业的时候做过淘宝，没人指导瞎做，亏钱了。

现在发现亚马逊很好做，很火，很多做亚马逊的人都赚钱了，她也想去了解一下亚马逊。但是不知道该做什么产品，自己没有工作经历，不了解该做哪些东西。通过跟她交流，知道她的男朋友对电子器件比较了解熟悉，我先建议他先去做电子相关产品。

在去年1月中旬，也就是一个月的时间，她跟我说已经卖了700多单了，做的产品就是电子管。她男朋友去负责采购，他负责在亚马逊上销售。因为美国有很多的实验室，一采购就采购很多，而且这个也属于易耗品。因为有信心了，她就准备继续做这个方向，去扩展其他产品。

一个新手没有多少的运营经验，但是只要你选对了产品，仍然可以卖得很好。

第5章 产品如何上架

做亚马逊前期准备时间占70%，操作运营时间只占30%。前期做好Listing的准备工作，那么后期的运营推广会节省很多的资金和人力。很多新手在前期准备Listing的时候直接抄竞争对手的，并没有进行优化修改，或者是直接拍脑袋乱改。这两种都是不可取的，本章对Listing的准备工作进行详细的讲解。

5.1 黄金标题的制作

万丈高楼，起于地基。做亚马逊也是一样的，标题是亚马逊的基础。学完本小节，希望大家能理解标题的含义，了解亚马逊标题的规则，并制作出符合亚马逊规则且实战有效的标题。

5.1.1 标题的作用

标题是产品的流量入口，只有好的标题才能被更多消费者搜索到。再好的选品，如果标题错误也不会带来很多的流量。标题最重要的作用就是引流，其次是表达产品的属性、产品的特点。

现在亚马逊的流量还是以搜索流量为主，消费者购买产品的时候，首先是搜索这个产品的关键词。如果你的产品里包含了这个关键词，而且这个关键词的权重还比较大，那么你的产品就会在消费者的搜索结果页面得到展示，也就有机会被消费者购买。

5.1.2 标题是给谁看的

标题首先是给亚马逊系统看的，其次才是给消费者看的，只有标题符合亚马逊的算法，亚马逊才会去展示，只有亚马逊展示出来的产品才会被消费者搜索到。因此制作标题一定要符合亚马逊的相关规定。

很多新手容易犯的错误是直接用汉语翻译成英文单词作为标题，这是不可取的；也有很多新手自认为某个词很好而盲目使用。但是我们要的是亚马逊和消费者对我们关键词的认可，而不是卖家的自我陶醉。

5.1.3 什么是核心关键词

核心关键词是标题最重要的核心，为了方便大家理解，我用中国文字给大家举例。

比如卖家是卖运动鞋的，那么"运动鞋"就是核心关键词，它是区别于其他产品属性的最核心词。"运动鞋"不是高跟鞋，不是平底鞋，是能区别于其他产品的最短的词。

同一个产品它会有不同的名字，所以一个产品是可以有多个核心词的。比如"我"叫李鹏，"我"也叫白龙，"我"的小名叫大龙，那么这三个名字都可以是"我"的核心词。

5.1.4 什么是长尾关键词

长尾词是核心词的延展，一个形容词＋核心词叫作一级长尾词。例如，"韩版"＋"运动鞋"就是一级长尾词"韩版运动鞋"。"韩版"＋"男士"＋"运动鞋"就是二级长尾词"韩版男士运动鞋"。三级长尾词、四级长尾词以此类推。

5.1.5 什么是关键词的权重

当消费者搜索一个关键词的时候，展现在他面前的产品是有限的。那么如何让产品出现在消费者的眼前，而且排名靠前呢？这就需要提高关键词的权重。好比开会时地位越高的人，说话越有分量的人，他们都在前排。没有话语权的人，甚至进入不到这个会场。因此做推广就是利用各种运营手段，让某个关键词在我产品中的权重变得更大，从而获得更靠前的排名。

5.1.6 寻找关键词的方法

1. 下拉框选词法

亚马逊下拉框会推荐搜索热词，因此当不知道写什么词的时候，新手可以通过下拉框去选择关键词，如图 5.1 所示。

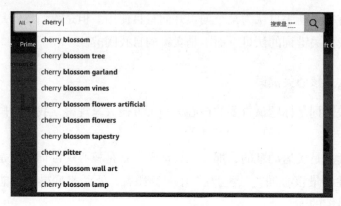

图 5.1　下拉框

2. 卖家精灵的关键词

通过卖家精灵的关键词反查功能，查询竞争对手同款产品或者相似款产品的流量词是什么，如图 5.2、图 5.3 所示。

图 5.2　卖家精灵反查流量词

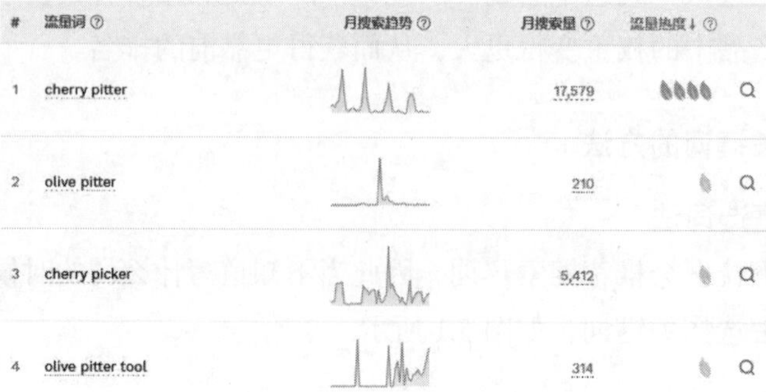

图 5.3　各流量词流量情况

图 5.3 中的月搜索趋势，是某个关键词在亚马逊几年以来的流量搜索变化情况，可以看到图 5.3 中的第 1 个词是有季节性的。图中月搜索量指的是该词在亚马逊上整个平台的一个月的搜索量。而流量热度是指这个关键词在这个产品上的流量情况，叶子的数量越多、颜色越鲜艳，说明这个词给这个产品带来的流量越多。

当某个产品反查出来的词都是一片或两片叶子，颜色都是灰色的，那么如何去寻找这个对手的流量词呢？在卖家精灵关键词反查功能的右侧，有一个高频词区域。按照词根的出现的次数计算它的频率，频率越高的词就是我们可以参考的词，如图 5.4 所示。

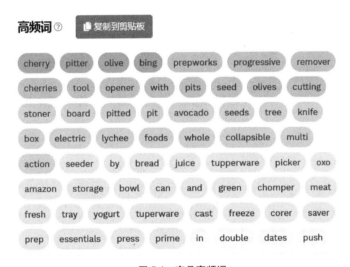

图 5.4　产品高频词

5.1.7　关键词的顺序

关键词是有顺序的，顺序不同说明是两个词。比如"ab"和"ba"，虽然它们的词根是相同的，但是因为顺序不同，所以买家搜索的人数也不同，因此当我们去写标题的时候，也要根据这个词在亚马逊上的搜索量去调整它的顺序。

5.1.8　标题的顺序

亚马逊在抓取标题关键词的时候是从前往后抓取，因此越靠前的关键词权重越大，所以我们最主要的核心关键词要放在标题的最前面。同时考虑到亚马逊的产品载体是品牌，跟我们国内产品的载体是店铺不一样，因此一般来说很多产品的标题的第 1 个单词是品牌名。

5.1.9 标题的规则与符号的运用

1. 亚马逊标题大部分类目要求不要超过 200 个字符。

2. 前 110~120 个字符最重要。因为显示问题，前 110~120 个会直接展现在消费者面前。

3. 每个单词的首字母要大写，不要全部使用大写字母。

4. 连词（and, or, for）和冠词（the, a, an）不应大写。

5. 请勿将少于 5 个字母的介词（in, on, over, with）大写。

6. 数字使用阿拉伯数字。

7. 除短横线（-）、斜杠（/ 和 \）、连接符号（&）和英文句号（.）、逗号（,）外的特殊符号都不能使用。

8. 逗号（,）前面的词有加权作用，原理是逗号前面的在系统识别的时候会精准匹配，没有逗号是宽泛匹配，所以会有加权的效果。

9. 标题里不能包含促销信息，如便宜、包邮等。

10. 标题里不能包含主观性词，如最好、唯一等。

11. 单位尽量写全，如英寸写 inch 而不是简写成符号 "。

12. 不要写其他品牌的品牌词及违禁词等。

5.1.10 定制权威链接

1. 什么是权威链接

权威链接是无风险的 Amazon 系统生成的、不可修改的唯一链接。权威链接是网站的页面对 Google 的唯一诠释，亚马逊声明本页面的主链接是这条链接，其他皆为附属链接，权威链接基于亚马逊 Listing 本身，具有相当高的权重。

2. 权威链接跟标题的关系

因为权威链接里面有 5 个关键词，这些关键词在站内的权重是非常高的。这 5 个关键词是从标题里抓取的，抓取到了对的词，对我们产品的推广、后期的广告都会有非常大的促进作用。但如果抓取到的是一些不重要的词，那么后期推广就比较吃力。

3. 如何定制权威链接

在写标题关键词的时候只写 5 个关键词，5 个希望被抓取的关键词。24 小时之内等系统抓取到了希望被抓取的词之后，再把其他的词填充进去。

4. 如何查看权威链接关键词

在产品详情页面，单击鼠标右键，再单击"查看网络源代码"命令，按〈Ctrl+F〉组合键搜索"canonical"。出现在"canonical"后的链接就是权威链接，链接中的关键词就是被抓取的关键词，如图 5.5 所示。

```
<link rel="canonical" href="https://www.amazon.com/Industrial-Standing-Footswitch-Bedroom-Minimalist/dp/B08F52QFB2"/>
<meta name="description" content="Floor Lamp, Industrial Floor Lamp, 63 Inch Standing Lamp, E26 Socket, On/Off Footswitch, Whole Metal, ETL Listed,
<meta name="title" content="Floor Lamp, Industrial Floor Lamp, 63 Inch Standing Lamp, E26 Socket, On/Off Footswitch, Whole Metal, ETL Listed, Moder
<title>Floor Lamp, Industrial Floor Lamp, 63 Inch Standing Lamp, E26 Socket, On/Off Footswitch, Whole Metal, ETL Listed, Modern Floor Lamp for Bedr
```

图 5.5 代码抓取词

5. 权威链接的其他用途

权威链接在做站外引流的时候可以用到，同时也可以提高我们在谷歌搜索上的权重。在我们去做测评的时候，有时候会用到权威链接。

5.2 五行特性的制作

五行特性是亚马逊 Listing 当中不可忽视的重要部分，熟悉并掌握五行特性的制作，对卖家朋友们来说是非常重要的。本小节对五行特性的作用、写法、注意事项进行阐述，希望卖家朋友们有所收获。

5.2.1 五行特性的作用

五行特性描述的目的就是让消费者了解产品的功能、作用、规格，是对标题的一种补充，除了详细说明产品包含的信息，还要考虑到顾客的需求、痛点。

同时描述也是基于标题关键词的补充，卖家所收集的关键词，有一些没有用到标题中，那么就可以"埋"在五行特性中，成为标题的一种优化。在实战中我们会重复"埋"核心关键词，这样该词的权重就会比较高。

5.2.2 五行特性写法

对于五行特性的写法，我们应尽可能地梳理和总结出产品的特性，并转化为能够解决客户需求点和痛点的关键信息，站在消费者的立场思考和提炼。具体来说，消费者不喜欢干巴巴的参数语言，所以在五行特性的描述中，需要有一些生活化的、灵动的描述和表达。

笔者总结了16条写五行特性的思考方向，供读者参考。

1. 产品解决了什么问题？
2. 考虑这个产品有什么人在用？
3. 从产品的历史或成分入手。
4. 产品是如何升级的？
5. 与大众文化挂钩。
6. 从产品的季节性或使用场合入手。
7. 产品不可超越的点。
8. 从产品的感官入手。
9. 产品意想不到的组合。
10. 产品可能呼唤起的情感。
11. 介绍产品使用方式的多样性。
12. 陈列多个产品值得购买的理由。
13. 使用指南。
14. 品名的相关故事。
15. 透露产品的弱点。
16. 为什么产品价格这么便宜。

5.2.3 五行特点的注意事项

在写五行特性的时候要注意"埋"关键词，在亚马逊的算法当中，如果你的关键词在标题里出现，同时也在五行特性里重复出现，那么它的权重比仅仅在标题里出现的权重要高。通过"埋"核心关键词可以提高该词的权重。当然，在"埋"关键词的时候也要注意语境，防止无脑"埋"词。

五行特性的文字尽量不要太长，因为现在是快节奏时代，太长的文字，消费者根本不会去看，反而失去了向消费者传达信息的机会。所以五行特性应尽量简短，能一眼看到所写的内容。

现在90%左右的流量是通过手机端到亚马逊购买产品的。而手机端展示五行特性的时候只展现前三个，后面两个需要点开才能看到，所以说重要的信息写在前3点。

5.3 定价策略

产品的定价也是产品上架前最需要思考的问题之一,下面分享一些关于产品定价的策略。

5.3.1 产品初期定价策略

新产品是没有评价的,当一个新品没有评价的时候,如果你的价格跟同款竞争对手价格是一样的,那么转化率是偏低的。对于新品来说,出单比利润更加重要,因此怎么出单才是卖家在新品上架初期应该考虑的首要问题。亚马逊新品有14天的流量扶持期,只有在此期间快速出单,才可能获得亚马逊更多的流量倾斜。

还是有很大一部分买家喜欢追求便宜,既然买家喜欢低价,那我们满足他们就可以了,因为低价策略在转化率方面的提升还是很可观的,只要价格足够低,便可以一定程度上弥补商品评价少甚至没有评价的不足。但是新品的价格又不能过于低,否则可能会造成该类目的生态环境恶化,形成价格战。那样对于亚马逊店老铺来说更有优势,老卖家可能会想尽办法打压你,直接把你扼杀在摇篮里。

我们可以将该类目产品进行排序,将前50名的产品的平均价格、平均销量、平均评论数都考虑进去,只要你的价格略低于这些产品的平均价即可。或者是直接分析同款和相似款产品,使自己的产品价格略低于这些产品的价格便可。

5.3.2 产品推广期定价策略

当产品开始稳定出单之后,要根据实际销量变化,对我们的产品进行多批次、小幅度提价。例如,一款20美元的产品,可以每次提价0.5美元,然后观察3~7天,看销量有没有变化。第一次提升至20.5美元,观察3~7天,如果销量没有变化,再提升0.5美元至21美元,观察3~7天看销量有没有变化。直到某一次提升价格之后,销量有非常明显的下滑,那么再把价格降低0.5美元。这个价位是推广期的价格敏感点。这样操作的目的是在不影响做排名的情况下提升利润率,保证产品可持续推广。

5.3.3 产品成熟期定价策略

当产品进入成熟期以后，运营思路就要改变，从打排名变成追求利润，所以产品要进行适当的提价。这时候我们的产品无论是从产品的评论数量、排名还是转化率等方面来看，都比竞争对手要强，此时就可以将价格提升至整个类目偏高的位置。

5.3.4 产品利润的计算

我们做亚马逊是奔着赚钱的目的来的，不是要做国内和国外的搬运工，也不是去国外做慈善，因此计算好产品的利润是一个非常重要的事情。以下是利润的计算公式。

利润 =（售价 ×0.85– 尾程配送费 – 退款）× 汇率 – 头程费用 – 推广成本 – 产品成本 – 国内运输费用

售价：亚马逊站点的销售价格，以该站点所使用的币种为准，如美国为美元，日本为日元。

售价 ×0.85：因为每卖出一单，亚马逊是会收取相关佣金的，一般来说，类目佣金为售价的 15%。

尾程配送费：从亚马逊仓库到买家手里这段路程的运输费用。

退款：买家对产品不满意所产生的退款。

汇率：当地币种与人民币的汇率。

头程费用：从中国运输到亚马逊仓库的费用。

推广成本：在亚马逊推广产品所花费的费用，包括广告推广、站外引流等。

产品成本：产品的拿货成本。

国内运输费用：产品在国内流转的费用。

5.4 正文描述的制作

正文描述是亚马逊 Listing 当中不可忽视的重要部分，虽然其作用越来越弱，但是对于没有进行品牌备案的卖家来说，仍然不可或缺。本节就正文描述的写法、作用、注意事项等方面为大家进行阐述。

5.4.1 正文描述的作用

正文描述起到的作用是提高产品的转化率，但是在现阶段文字描述对于转化率的提升作用是有限的。因为大部分人并不会看长段的文字描述，所以基本上有一定实力的商家都会做 A+ 页面。但是对于新手来说，如果前期不具备做 A+ 页面的条件，那文字描述也是必不可少的，可以通过一些技巧上的方法来提高文字描述的阅读性，从而提升转化率。

这个描述除了可以提高转化率以外，它也是对标题的一种补充，可以更加详细地说明产品的某些特性，包括但不限于品牌故事、产品安装、售后等情况。

5.4.2 正文描述的写法

上传亚马逊的正文描述时必须包含代码，如果没有代码，上传的文字是没有分段的，如图 5.6 所示。

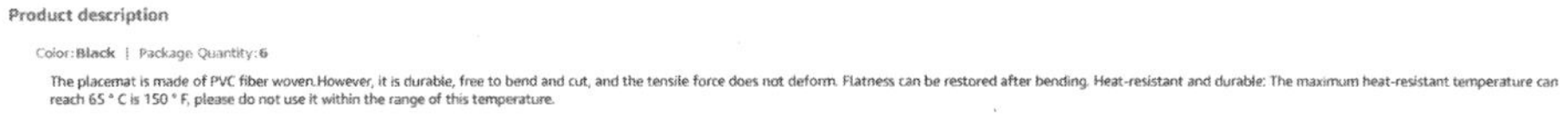

Product description
Color: Black | Package Quantity: 6
The placemat is made of PVC fiber woven.However, it is durable, free to bend and cut, and the tensile force does not deform. Flatness can be restored after bending. Heat-resistant and durable. The maximum heat-resistant temperature can reach 65°C is 150°F, please do not use it within the range of this temperature.

图 5.6　无分段的正文描述

通过代码合理地将内容分段加粗，可以有效地提高正文描述的阅读性，从而提高产品的转化率，如图 5.7 所示。

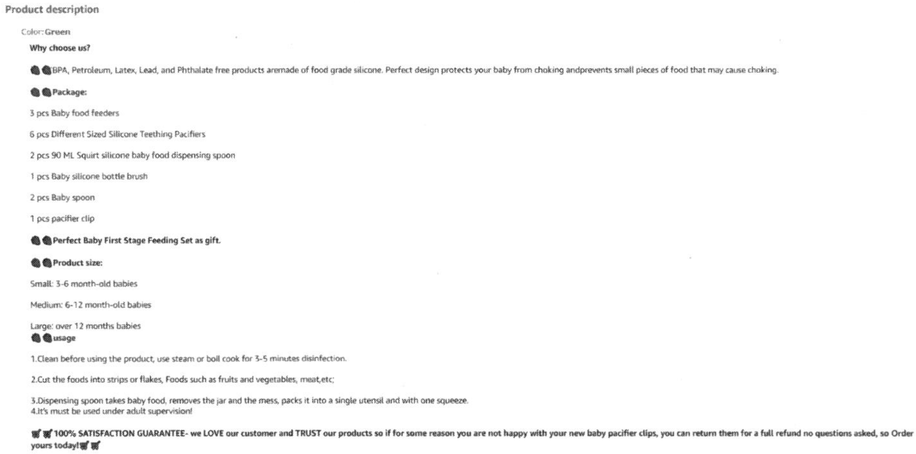

Product description
Color: Green
Why choose us?
🍼🍼 BPA, Petroleum, Latex, Lead, and Phthalate free products aremade of food grade silicone. Perfect design protects your baby from choking andprevents small pieces of food that may cause choking.
🍼 **Package:**
3 pcs Baby food feeders
6 pcs Different Sized Silicone Teething Pacifiers
2 pcs 90 ML Squirt silicone baby food dispensing spoon
1 pcs Baby silicone bottle brush
2 pcs Baby spoon
1 pcs pacifier clip
🍼🍼 **Perfect Baby First Stage Feeding Set as gift.**
🍼 **Product size:**
Small: 3-6 month-old babies
Medium: 6-12 month-old babies
Large: over 12 months babies
🍼 **usage**
1.Clean before using the product, use steam or boil cook for 3-5 minutes disinfection.
2.Cut the foods into strips or flakes, Foods such as fruits and vegetables, meat,etc;
3.Dispensing spoon takes baby food, removes the jar and the mess, packs it into a single utensil with one squeeze.
4.It's must be used under adult supervision!
🎀🎀 100% SATISFACTION GUARANTEE- we LOVE our customer and TRUST our products so if for some reason you are not happy with your new baby pacifier clips, you can return them for a full refund no questions asked, so Order yours today!🎀🎀

图 5.7　有分段的正文描述

5.4.3 正文描述的注意事项

在正文描述进行埋词，把要做排名的核心词埋进描述里，可以提高该关键词的权重。曾经一个学员产品的某个关键词排名在第三页，当我教他这个埋词的方法后，他将该关键词埋在五行特性和正文描述里，在没有其他操作的情况下，这个关键词第二天直接排在首页第一名。

5.4.4 利用工具预览正文描述

正文描述要想有图 5.7 所示的效果，是需要借助代码来完成的。本节列出常用的几个代码。

强制换行代码
。

文字中没有代码直接换行，在亚马逊网页中显示是不换行的，如图 5.8 所示。

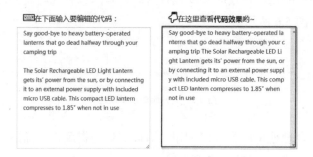

图 5.8 米库描述工具

如果想换行，在段落处的结尾添加
，空一行的效果就是添加两个，即

，如图 5.9、图 5.10 所示。

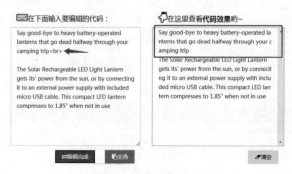

图 5.9 工具示意图

图 5.10　代码效果

加粗代码 ……。

如果想对文字进行加粗，在文字的开头加 ，文字的结尾加 ，那么两者之间的文字就会被加粗，如图 5.11 所示。

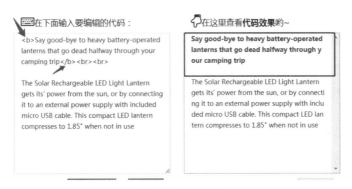

图 5.11　加粗代码

5.5　主图的制作

亚马逊虽然可以上传很多张主图，但是建议新手上传 6 张就可以了，因为亚马逊的手机端只展示前 6 张主图，而现在大部分的流量都是来自手机端。

因此如何布局好这 6 张主图非常关键。关于主图的要求与实战，除了第一张主图外，其他附图的位置可根据产品进行顺序的调整。

功能性产品和款式性产品的主图要求是不一样的。主图的内容表达、排列顺序、卖点的侧重，有不一样的内在逻辑，要具体情况具体分析。

本文因为篇幅有限,仅给新手参考一般情况的主图制作。对于不同类目不同产品,读者可以根据竞争对手的情况对自己的主图进行修改。

5.5.1 第一张主图的要求与实战

第一张主图采用纯白色背景;必须是产品的实际图片;产品不能带文字、Logo 或水印;图片必须准确展示商品,且仅展示待售商品;产品最好占据图片约 80%~85% 的空间;主图可以有模特,但主图模特身上不能有非售卖物品;图片必须与商品名称相符;图片的高度或宽度最好为 1600 像素,图片格式最好为 JPEG。

实战中个别类目的第一张主图可以不是白底图,但是尽量为纯色背景。一旦你的第一张主图不是白底图并且上传成功,系统没有识别到的时候,对你来说是一个非常大的帮助,因为当对手主图都是白底图,而你的不是白底图的时候,你的主图的点击率就会比对手高出很多。附图可以根据自己产品的情况设置背景,没有白底的要求。

5.5.2 第二张附图的要求与实战

第二张附图展示产品的功能性,产品包含了哪些功能,跟对手产品对比我的产品功能的特点优点是什么。例如,你的产品跟食品有关,比如咖啡机、榨汁机等,那么你可以说产品材质是食品级的,安全健康、无毒,或者产品可以榨哪些东西,比如说一般榨汁机榨不了的一些比较硬的东西,你的产品是可以榨的,那么你可以在图中表现出来,如图 5.12、图 5.13 所示。

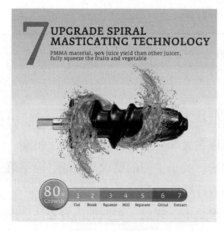

图 5.12 功能对比

图 5.13 功能的介绍

5.5.3 第三张附图的要求与实战

第三张附图是产品的使用场景，就是你的产品是什么样的人群在什么样的场景下使用，这样会让消费者联想到它的使用场景，从而提高产品的转化率。

人群定位得越精准，场景对应得越精准，那么该图片对应的关键词转化率也会更高，所以图片的制作也要考虑到我这个产品要做的核心关键词。两者越匹配转化率越高。

关于场景的案例如图 5.14、图 5.15 所示。

在场景的配置上不是说随便一张图就可以了，还是要突出产品。场景的颜色的色调跟产品要有所关联，不能显得突兀。简单来说就是看起来要美，符合摄影的构图，同时能表现出产品。当产品符合多个使用场景的时候，可以用多张场景图来表现它在不同场景中的表现。

 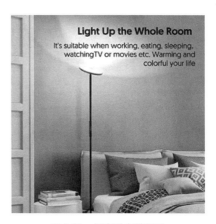

图 5.14　厨房的使用场景　　　　　　图 5.15　灯在卧室的场景

5.5.4 第四张附图的要求与实战

第四张附图放产品的细节，突出产品的做工和材质质量，细节图要扬长避短，把做得好的地方进行展示。

细节图一般做三四个细节，包括产品局部的细节、五金构件、产品的材料质感。有条件尽量做好精修，提高图片质感。电商说到底就是卖图片，图片做得好，甚至不一定要多好，只要是比对手同行好，就有很大优势。当然产品也不能跟图片相差太多，否则会有很多退货。细节图如图 5.16、图 5.17 所示。

图 5.16　产品外观细节

图 5.17　产品功能细节

5.5.5　第五张附图的要求与实战

第五张为产品的尺寸图，包含产品的参数等一些数据，方便消费者根据参数选择自己合适的产品，从而避免因为数据不准确造成退货，影响我们的利润及产品评分，如图 5.18、图 5.19 所示。

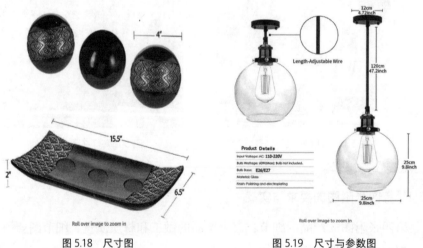

图 5.18　尺寸图　　　　　　　　　图 5.19　尺寸与参数图

5.5.6　第六张附图的要求与实战

第六张可以放包含配件、适用的配件规格或者是产品的安装方法，如图 5.20、图 5.21 所示。

图 5.20 包装包含配件

图 5.21 产品适用灯泡类型

5.6 后台关键词

后台关键词是指能被搜索引擎搜索到,但是不在前台显示的关键词。虽然不在前台显示,但是它的重要性依然很高,可以给我们的核心关键词加权或者是补充标题中没有写的关键词,从而提高我们的流量入口,其位置如图 5.22 所示。

图 5.22 后台关键词位置

5.6.1 新品上架怎么选择后台关键词

写后台关键词的方法有很多,这里介绍一个比较快捷,节省时间和精力的方法。可以直接选择跟你产品同款或者近似款的产品,用卖家精灵的关键词反查功能,找到竞争对手的高频词。直接复制高频词粘贴在后台关键词当中,如图 5.22、图 5.23 所示。

图 5.23 关键词反查

图 5.24 将高频词复制到剪切板

甚至可以查询关键词词根出现的频率,如图 5.25 所示。

词语	出现频次
light	109
ceiling	72
chandelier	56
fixture	38
farmhouse	34
fixtures	32
lights	26
kitchen	25
for	24
flush	21
mount	19

图 5.25 词根出现的频率

另外也可以从竞争对手的 Listing 的评论(ratings)以及问答(QA)中提炼关键词,因为这些都是用户在搜索的时候会用到的真实词汇。

5.6.2 后台关键词的写法

1. 亚马逊后台关键词(Search Terms)字符要求为少于 250 个字节,特殊字符占用 1 个以上的字节,如 ä(2 个字节)、£(2 个字节)。

2. 单词的单复数、过去式、现在时、缩写等，写一个就可以，亚马逊会自动识别，甚至拼写错误也可以识别到。

3. 单词全部小写，单词与单词之间用空格分隔。

4. 不能包含"折扣""促销""最便宜""受欢迎"等词。

5. 后台关键词中（Search Terms），不要有任何产品的 ASIN 码。

6. 不要使用"of""and""for""with"等词，把位置留给其他词。

7. 关键词中不要包含任何品牌名称，无论是你自己的还是对手的，特别是名牌千万不能有。

5.6.3　运营过程中如何优化后台关键词

产品运营的前期，如何查询在后台的关键词是否被亚马逊搜索引擎抓取到呢？

首先，复制所有的后台关键词，并把它们粘贴到产品的 ASIN，并用"+"相连，然后将其放入搜索栏中，如图 5.26 所示。

图 5.26　搜索框

如果搜索的产品结果中出现了您的产品，那么这些关键词就是都被收录了，前提是你的产品是可售状态。如果搜索的产品结果中没有出现您的产品，那么这些关键词里就有一个或者多个词没有被收录。如果想找到哪个词没有收录，就需要一个词一个词地进行测试。没有被收录情况，如图 5.27 所示。

图 5.27　未被收录情况

产品的后期运营,如果自动广告跑出了一些数据很好的词,而这些词并没有在我的标题中出现,那么就可以把它优化到后台关键词当中,从而提高这些关键词的自然排名。简单来说就是广告什么词跑得好,那么后台关键词就加什么词。

5.6.4 后台关键词的注意事项

确定好后台关键词后,并不是一成不变的。可以通过卖家精灵的关键词监控工具对关键词进行排名监控,对于一些表现差的词或者是没有被收录的词,可以适当地删减。但是后台关键词也不要频繁修改,因为系统抓取后台关键词的时候是有一定滞后性的。如果发现系统没有抓取这个关键词,可以等24~48小时再看结果。

5.7 A+页面

A+页面是正文描述的升级和改造,普通的正文描述只能添加文字,而A+页面是图文版本的升级,可以进一步对产品的描述进行完善,而且图片表达所传达的信息比文字多,同时对消费者而言,图文也比单纯的文字阅读更方便。A+页面可以提高浏览时长、提高转化率,减少买家退货和差评。A+页面与普通正文描述的对比,如图5.28所示。

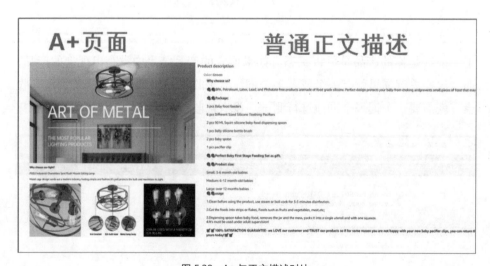

图 5.28 A+ 与正文描述对比

5.7.1 制作A+页面的前提

首先，必须注册站点当地国的"TM 标"或"R 标"商标，然后在亚马逊平台将该商标备案成功就可以使用亚马逊的 A+ 页面功能。因为资金问题，很多新手前期没有去申请商标，其实也可以制作 A+ 页面，需要找到亚马逊服务商，大概花费 800 元就可以让服务商去帮你上 A+ 页面。

服务商的操作方法是一般用权限比较高的 VC 账户去拿到你 Listing 的编辑权，帮你去上 A+ 页面。如果新手小伙伴因为价格或者时效性的问题没有去申请商标，也可以去借壳商标，通过已经有商标的卖家授权给你商标的使用权。

5.7.2 制作A+页面的步骤

首先你要有一个当地国的品牌，并在亚马逊上备案成功（关于品牌备案，本书第九章有具体介绍）。当这些条件都完成之后，单击后台→广告（Advertising）→ A+ 页面，如图 5.29 所示。

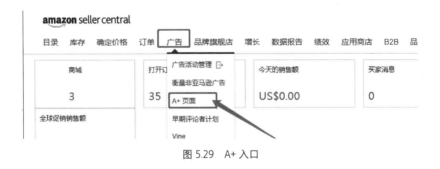

图 5.29　A+ 入口

然后单击右上角的"开始创建 A+ 商品描述"按钮，如图 5.30 所示。

图 5.30　创建 A+ 页面

亚马逊的 A+ 页面有固定模板,选择适合产品的固定模板,按照模板的尺寸要求去制作图片,如图 5.31、图 5.32 所示。

图 5.31　A+ 模板

使用可用模块配置商品描述。

模块	图片上传指南	文本位置
品牌徽标	1 张图片 – 600 x 180 像素	-
商品描述	-	1
特性 1	4 张图片(线性排列)– 每张图片的尺寸为 220 x 220 像素	4
特性 2	3 张图片(线性排列)– 每张图片的尺寸为 300 x 300 像素	3
特性 3	4 张图片(网格排列)– 每张图片的尺寸为 135 x 135 像素	4
标题 4	1 张图片(左侧)– 300 x 300 像素	1 张图片(右侧)
标题 5	1 张图片(右侧)– 300 x 300 像素	1 张图片(左侧)
标题 6	1 张图片 – 970 x 300 像素	1
标题图片	1 张图片 – 970 x 600 像素	
对比图	5 张图片 – 150 x 300 像素	2
单张图片和侧边栏	2 张图片 – 主图片(300 x 400 像素);侧边栏(350 x 175 像素)	6
四张图片突出显示	4 张图片 – 300 x 300 像素	4
单张图片和规格详情	1 张图片 – 300 x 300 像素	2
单张图片和亮点	1 张图片 – 300 x 300 像素	2
图片和浅色文本覆盖	1 张图片 – 970 x 300 像素	1

图 5.32　A+ 要求

上传完 A+ 页面模板之后应用到对应的产品,填入产品的 ASIN 码,并单击"应用内容"按钮即可,如图 5.33 所示。

图 5.33　A+ 上传

A+ 页面需要人工审核，一般是 7 个工作日内批准或拒绝，在卖家提交 A+ 页面高峰期时间会适当延长，如果 7 个工作日之内 A+ 页面还没有审核通过，也没有拒绝，那么可以开 case 去问一下客服具体情况。（如何开 case，详见第七章。）

5.7.3　制作A+页面的注意事项

新手制作的 A+ 页面经常被拒绝，其原因就是 A+ 页面包含了亚马逊限制发布的内容，其内容包括以下部分。

1. A+ 商品描述中严禁提供担保或保证信息，包括提及亚马逊以外的退货或退款政策，但商品本身就是保修卡的情况除外。

2. 禁止任何违反受限商品政策、分类要求或计划政策的行为。

3. 请勿将您的公司列为卖家或分销商（例如，"从我们这里购买正品"）或提及卖家授权（例如，"商品仅由授权专销商销售"）。

4. 请勿在 A+ 商品描述页面上包含任何配送详情（例如，"免费配送"）、二维码或个人信息（例如，电话号码、地址或电子邮件）。

5. 不得在 A+ 商品描述中使用个人、买家或其他普通公民的引言。最多允许包括四条引言或代言，且这些内容应仅来自知名出版物或公众人物，且必须附有作者和日期，如果引用某个出版物，则应提供出版物名称。

6. 无论如何提及竞争者（例如，提及具体名称，将其描述为"另外一个"或"其他"或其他方式），均不得引用竞争对手的商品或与之进行比较。此商品描述旨在打造品牌，提供更多商品详情，而不是讨论竞争对手。

7. 对比图只能与同一品牌下的其他商品进行比较。可接受与商品分类进行比较，如 LED 灯泡与卤素灯泡，这种情况不会被视为竞争性标注。

8. 请勿包含定价、促销详情或折扣，请勿提及促销，如"实惠""便宜""奖励"或"免费"，以及使用引导买家购买的语言，如"立即购买""加入购物车""立即获得"或"在我们这里买东西"。

9. 请勿提及时效性信息，如现在、新品、最新、尚待售、最新商品、目前最佳，或提及节假日。

10. 如果商标和版权符号大小合理，且已包含在商品包装上，并/或始终显示为标记的一部分，则可以使用，否则不允许使用单独的符号。任何商标或版权符号都必须从文本中删除。

11. 禁止包含试图转至亚马逊内部或外部其他网站（包括您的其他商品）的网络链接或语言。

12. 不允许发布有关违反任何亚马逊成人用品政策和指南的商品描述，或者提及犯罪活动的商品描述。

13. 禁止提及亚马逊以外的客户服务或联系信息（如"如有问题，请联系我们"、电话号码或电子邮件地址）。

14. 不允许使用试图模仿亚马逊徽标和详情页面标题或详情的图片、文本。允许提及亚马逊支持的计划或品牌商品。

5.8 产品视频的制作

随着产品视频在亚马逊上的作用越来越凸显，越来越多的卖家开始重视产品视频的制作，本小节为卖家朋友们介绍产品视频在亚马逊上的现状、制作的思路、视频制作的误区，以及视频制作的要求。

5.8.1 视频在亚马逊上的现状

虽然亚马逊产品视频已经出了一段时间，但是很多卖家并没有重视，还有大量的产品并没有去上视频。这也是我们新手卖家的一个机会，因为国内的经验告诉我们，亚马逊视频一定会成为产品 Listing 的标配。在实战中，有视频的产品的转化率明显比没有视频的高一大截。如果开了视频广告，视频广告也比普通的关键词广告的点击率和转化率高很多。

在上传了视频的这些卖家当中，也有大量的视频仅仅是上传了而已，并没有从消费者角度出发精细设计视频内容。

5.8.2 视频制作的思路

亚马逊产品视频用于产品零售，主要功能是向买家介绍产品的用途和特点，需要将产品本身介绍清楚，让消费者对产品的使用情况、产品的结构、产品的材质、产品的功能有清楚的了解，同时强调产品的卖点，从而提高消费者的购物冲动。

5.8.3 视频制作的类型

产品视频一般主要分为两种类型，第一种是产品介绍视频，第二种是生活化视频。这两种视频的内容可以有多种表现形式，如开箱视频、产品对比视频、产品使用方法视频、搞笑模仿视频、测试型视频等。

1. 产品介绍视频：这类产品一般适合于标品，也就是功能化产品，主要介绍产品的功能和参数。也可以是款式类产品，视频除了体现出产品的材料、质感以外，主要是体现展示产品的外观以及产品的使用生活场景。

2. 生活化视频：生活化视频模拟正常人在生活中使用产品，对产品卖点表示赞叹，以及介绍如何安装产品等，或者模拟网红对产品进行测评。

5.8.4 视频制作的要求

1. 视频文件：建议上传最高质量的文件，最高分辨率可达 1080p，但不能超过 5GB。目前可接收的文件格式为 .mov 和 .mp4。

2. 缩略图：这是买家在开始播放视频之前会看到的预览图片，系统将自动生成缩略图。如果您决定替换缩略图，请使用 .jpg 或 .png 格式的高品质图片。

3. 审查时间：审查通常需要不到一天的时间，但在高峰时段可能需要长达七个工作日或更长时间。

4. 视频显示：如果视频在两天内一直处于"在线"状态，但尚未显示在商品详情页面上，应检查商品展示的主图数量。如果图片超过 6 张，删除部分图片才能显示视频。

5. 视频内容不允许有公司地址或者任何公司联系信息。

6. 视频内容不允许有定价或促销信息，如"便宜""实惠""促销"等。

7. 视频内容不允许有配送详细信息，如"免费配送"或"配送时间表"。

8. 视频内容不允许有夸大的评论，如"最畅销商品""最热门商品""销量第一的商品"。

9. 视频内容不允许包含具有时效性的商品信息，如"现正促销"或"年度最佳新品"。

10. 视频内容不允许有来自亚马逊或任何其他网站的买家评论、评分或反馈。

11. 视频内容不能添加源自非知名出版物或公众人物的两个以上的评论或第三方言论。

12. 视频内容不允许有任何形式的担保或保证，如"保证满意"或"保证退款"。

13. 视频内容不允许有一个视频视图中的多个品牌徽标。

14. 成人用品的视频，或含有裸露、亵渎或非法活动等攻击性内容的视频。

15. 添加未拥有版权的视频会造成版权侵犯。

5.8.5 视频制作的雷区

图 5.34~图 5.37 都是新手上传视频时非常容易出现的问题，在实践中要注意，视频的长宽比应为 16∶9。

图 5.34（用手机拍摄的竖版视频）

图 5.35（方形视图）

图 5.36（上下有黑边）

图 5.37（左右有黑边）

5.8.6 上传视频的步骤

进入亚马逊店铺后台，单击"库存"选项卡，单击"库存"里面的"上传和管理视频"选项,进入"上传和管理视频"页面,并单击"上传视频"蓝色按钮,如图 5.38、图 5.39 所示。

图 5.38　上传和管理视频

图 5.39　上传视频

单击"上传视频"按钮后会进入视频上传界面,在视频上传区域将本地视频文件上传,并把要展示该视频的产品 ASIN 码输入"ASIN"界面。同时将提前准备好的视频封面添加到"缩略图"里,如图 5.40 所示。

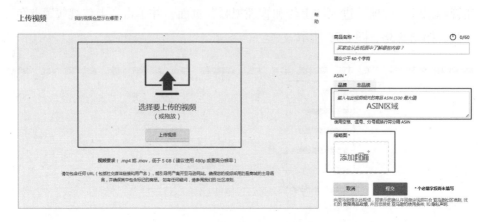

图 5.40 视频上传与添加封面

完成之后"提交"按钮会变成蓝色,单击"提交"按钮。

5.9 单品上传的方法

前面的所有工作都完成之后就可以进行产品的上传了,产品的上传分为单品上传和变体上传,本小节介绍如何单品上传。

5.9.1 购买UPC码

亚马逊上传产品需要一个独立的 UPC 码,可以从三种渠道购买,即官方渠道、生成器、淘宝购买 UPC 码。UPC 购买官方渠道是 GS1,最正规,但是价格偏贵。生成器可以直接生成 UPC 码,但是有时会跟正规码冲突,虽然有些卖家在用,但是不建议新手使用,一旦被查到将面临 Listing 下架的风险。

还有很多卖家从淘宝上购买 UPC 码,价格不贵,安全性上有一定保证,也是有证书的,是淘宝卖家大批量从 GS1 或者 Bar Codes Talk 上购买的,但是要甄别真假,有些淘宝卖家的 UPC 码可能也是生成器生成的。

5.9.2 添加商品

在亚马逊后台界面单击"库存"(Inventory)选项卡,单击"添加新商品"(Add a product)按钮,如图 5.41 所示。

在添加商品页面单击"我要添加未在亚马逊上销售的新商品"(I'm adding a product not sold on Amazon)按钮,如图 5.42 所示。

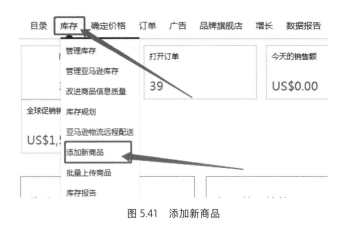

图 5.41 添加新商品

图 5.42 销售的新产品

5.9.3 选择产品类目

可以在类目列表里选择自己需要的类目,如图 5.43 所示。

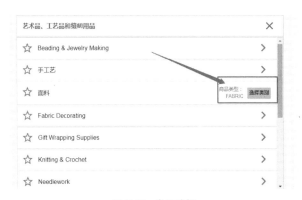

图 5.43 类目选择

或者直接将产品的关键词粘贴在搜索栏里,系统将推出几个可选项,选择最贴切的类目即可,如图 5.44 所示。

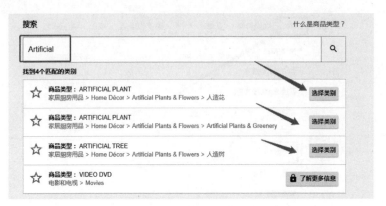

图 5.44 选择类别

如果自己不清楚产品属于哪个类目,可以查看竞争对手把该产品放在哪个类目下,然后根据竞争对手的选择去安排自己的产品类目。例如,可以通过卖家精灵插件的功能直接看到产品在哪个类目下,如图 5.45 所示。

图 5.45 查看类目排名

选对类目节点非常重要。如果把产品放入了错误的类目,那么产品将很可能获取不到流量,对于产品推广是致命的打击,因此产品上架前一定要核对清楚类目。

另外,某些类目的上架是需要审核的,该类目的审核并不一定是在上架时就审核,有可能是在你的产品已经运往亚马逊仓库或者是在销售过程中触发审核,那么我们在上架产品之前一定要先清楚自己的产品是不是会触发分类审核,在本书的附录里将触发分类审核的类目进行了罗列。

5.9.4 填写产品数据

进入产品数据页面，首先展示的是4个选项分别为"重要信息"（Vital Info）、"变体"（Variations）、"报价"（Offer）、"图片"（Images），这时候不要着急去填写。首先单击"高级视图"（Advanced View）开关，将其设置为"开"。让其他隐藏的按钮都显示出来，如图5.46、图5.47所示。

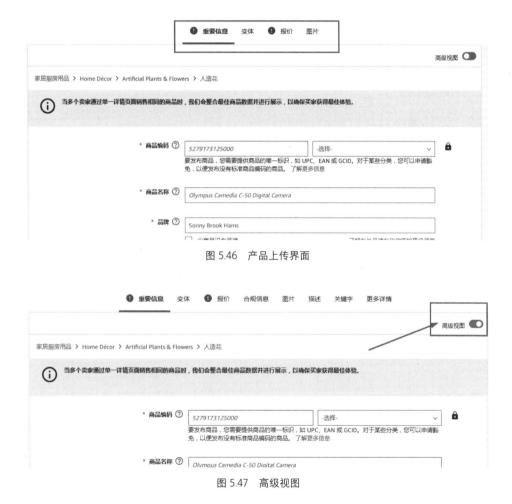

图5.46　产品上传界面

图5.47　高级视图

填写"重要信息"（Vital Info）文本框中的商品编码，这里填的就是UPC的一串数字，并在后面选择栏选择UPC码，如图5.48所示。

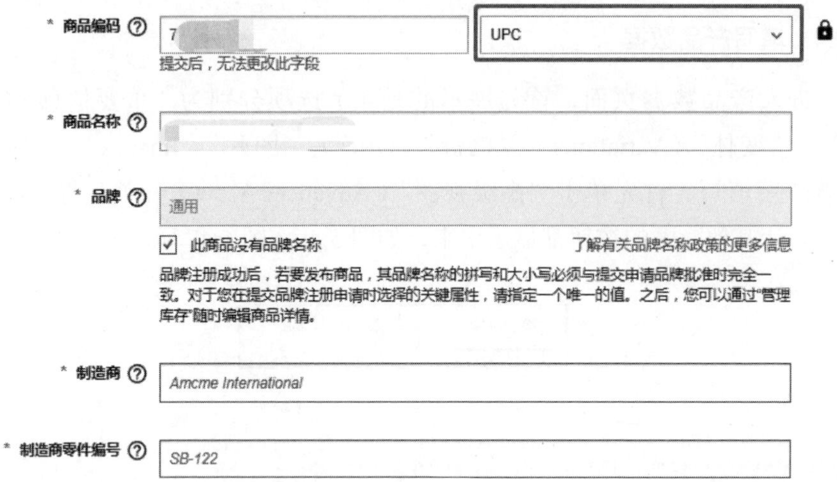

图 5.48　UPC 码填写

"商品名称"文本框填写的就是制作的产品标题,直接把之前做好的标题复制进去。

"品牌"文本框如果做了品牌白名单(详见第八章),或者进行了品牌备案,就可以直接填写申请的品牌名,注意字母大小写要跟申请的保持一致。如果没有品牌可以直接勾选"此商品没有品牌"复选框,"制造商"的位置填写跟品牌名一致即可,带星号的都是必填,填完成才能进行下一步,如图 5.49 所示。

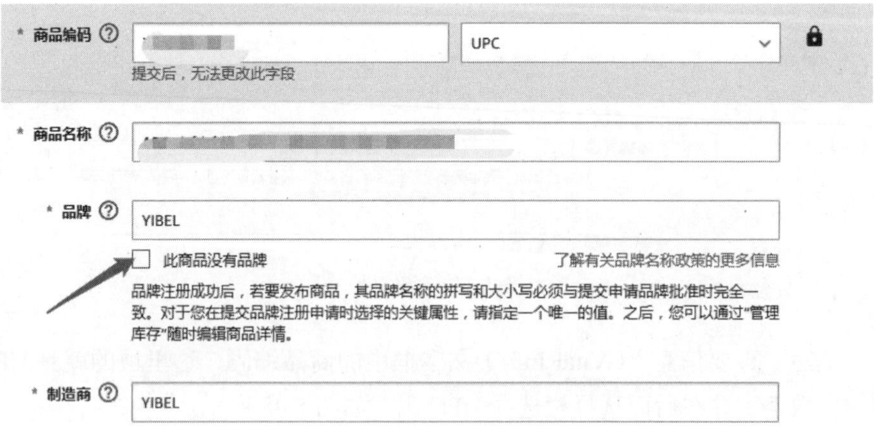

图 5.49　填写品牌

接下来填写报价，在报价这一栏有三个地方可以写价格，即"市场价"英文后台是"Manufacturer's Suggested Retail Price"，"您的价格"英文后台是"Your Price"，"优惠价"英文后天是"Sale Price"。

"市场价"在前台不显示，以前这里会填写比正常售价稍高的价格，这样前台会出现划线价，但是亚马逊更改了运算机制，这个方法已经没用了。

"您的价格"就是卖家正常的售价。

设置优惠价的时候还要设置价格的开始和结束时间，这个价格功能基本无用，大家可以忽视，如图 5.50 所示。

图 5.50　价格设置

当然最不能忘记的是给产品一个独一无二的 SKU，方便卖家做库存管理，当然不填也可以，亚马逊会自动生成一个，如图 5.51 所示。

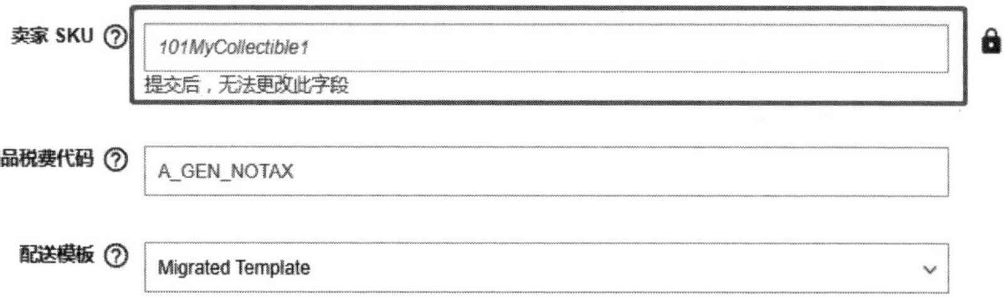

图 5.51　编写 SKU

接下来要填写产品的"状况"，如果是新品，选择全新即可，如图 5.52 所示。

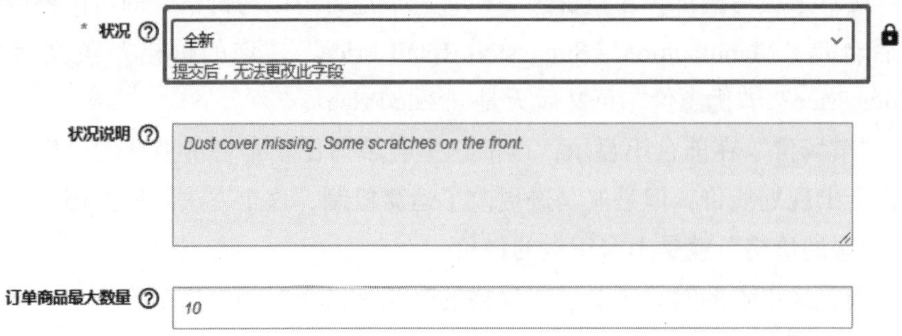

图 5.52　产品状况

订单商品最大数量：就是限制一个客户一次最多能买多少个。一般设 5 件，如果没有设置这个上限的数量，有些无良卖家会利用其他买家账号把你的全部库存恶意购买，最后全部申请退款，这样会让你在做活动的时候没有库存，产品状态显示不可售。对方有库存，他就会把你的购物车抢走。

接下来，要上传商品的图片，单击"图片"选项卡，再单击"上传"按钮，接着从本地上传准备好的图片。第一张上传白底主图，另外最好上传图片不要超过 6 张，超过 6 张图片可能会造成上传的视频前台不可见。上传图片，如图 5.53 所示。

图 5.53　上传图片

现在该填写五行特性了,单击"描述"选项卡,进入填写页面,其中有两个栏目是需要填写的,一个是"关于此艺术品",另一个是"商品特性"。其中"关于此艺术品"填写的内容就是我们之前写的描述。而"商品特性"填写的内容就是五行特性,如图 5.54 所示。

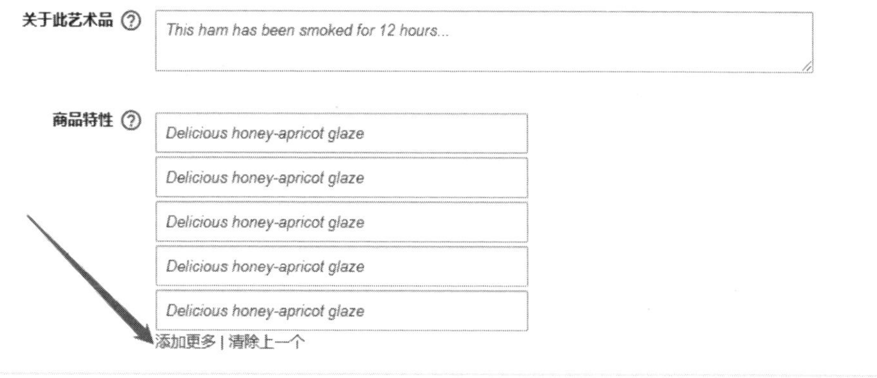

图 5.54 五行特性

最后上传后台关键词(keywords),把之前准备好的关键词粘贴进去,位置填写完毕后,"保存并完成"按钮会变成蓝色,直接单击该按钮,15 分钟以后关键词就会在后台显示,如图 5.55 所示。

图 5.55 后台关键词

5.10 变体上传的方法

变体上传的方法跟单品上传的方法是一致的,只不过是在变体选项多了一个步骤。单击"变体"按钮,然后选择变体属性,如选择颜色,输入英文颜色词后单击"添加变体"蓝色按钮,如图 5.56 所示。

图 5.56　添加变体

然后在出现的变体列表里面输入每个变体的 SKU 码、商品编码、商品编码类型、产品状况、产品售价以及产品数量。如果是自发货，那么产品数量就写你的库存，如果你是做亚马逊 FBA 的商品，数量可以填 0。填写完毕后单击"保存并完成"即可。

5.11　批量上传的方法

批量上传是当卖家店铺运营到一定程度之后，或者你的产品 SKU 特别多，比如做的产品是服装或者是鞋，产品对应了很多颜色很多尺码，那么这种情况就需要使用批量上传的方法。对于多 SKU 产品，批量上传的方法比正常后台上传要方便简单很多，可以减少出错的概率，提高运营的效率。批量上传是卖家在后期需要掌握的技术之一。

第6章 亚马逊的发货模式

本章为卖家朋友们介绍亚马逊的三大物流模式,并对每种物流形式的优劣及特点进行详细阐述,卖家朋友可结合自身情况,选择适合的物流模式。

6.1 什么是FBA

FBA 是 Fulfillment By Amazon 的缩写,由亚马逊完成代发货的服务。采用 FBA 发货的卖家,需要先在卖家中心后台创建发货计划,按照系统生成的发货计划将货物发至亚马逊海外仓,由亚马逊提供仓储服务;卖家通过亚马逊平台销售这些产品,当客户下订单后亚马逊仓储中心会自动提供货物的分拣、打包、配送、收款、客服和售后处理等相关服务,亚马逊针对每个订单,收取相应的订单处理费、分拣包装费和称重处理费等。

6.2 FBA的优势

越来越多的卖家采用 FBA 模式,FBA 必然有着他的优势之处。本小节,对其优势进行详细的阐述。卖家朋友在选择 FBA 模式时,要做到心中有数。

6.2.1 亚马逊的店铺倾斜

如果商家的产品采用了 FBA 发货,那么该产品可以获得更高的流量,对于前期新品的推广有非常大的帮助作用。一般来说,如果商品采取 FBA 发货模式,将会比自发货模式有更多的销量。

6.2.2 运营费用的减少

如果商家采用了 FBA 发货,相对于自发货而言减少了打包发货人员的数量,从而降低了人力成本。另外,采用了 FBA 批量发货到美国海外仓的物流成本平均下来要比自发货的低。

6.2.3 消费者满意度高

采用 FBA 发货,用户收到货件的时间比较短,很多产品都是当日送达或者是次日送达,消费者的体验非常好。而且因为物流是由亚马逊官方提供服务,因此物流等原因造成差评,亚马逊官方会帮助删除差评。这对于我们店铺的权重和运营的稳定性有着非常大的帮助。

6.2.4 利润高

综合分析运营店铺的各种费用以及产品产生的利润,会发现采用了 FBA 发货模式的产品的利润比自发货的要高。新手前期在做产品的时候,根据产品所在类目的情况,在自己的实力允许的情况下,尽量采取 FBA 发货模式。

6.2.5 店铺更加安全

FBA 发货模式的产品,相当于给亚马逊交了一份保护费,因此在遇到一些审查的时候,亚马逊可能会对你的要求相较于自发货没那么高,间接地保证了我们 Listing 的安全,从而保证了产品的稳定性。

6.2.6 竞争对手的减少

现在亚马逊上各个站点还有大量的产品是采用自发货的模式,如果你采用了 FBA 模式,那么这些自发货的产品远远不是你的对手。从而在发货模式上就领先一步,做到了一骑绝尘,弯道超车。

6.3 FBA的劣势

虽然亚马逊 FBA 有着种种的好处,但也不是适合所有卖家朋友。本小节针对 FBA 的劣势进行详细的阐述,希望对卖家朋友有所帮助。

6.3.1 需要缴纳仓储费

FBA 发货的产品,根据产品的体积大小,亚马逊会收取相应的费用。亚马逊一般会在每月的 7 日到 15 日收取上个月的月度库存仓储费。费用如下,随着亚马逊政策的改变,其费用可能会有所变化。

标准尺寸:1~9月是每立方英尺 $0.75,10~12月是每立方英尺 $2.40。

大件商品：1～9月是每立方英尺 $0.48，10～12月是每立方英尺 $1.20。

6.3.2 长期仓储费用

每月 15 日，亚马逊物流会进行库存清点，亚马逊将按每立方英尺 $6.90 的标准对已在美国运营中心存放超过 365 天的库存收取长期仓储费（LTSF），或每件收取 $0.15 的长期仓储费（以较大值为准）。

对于积压已久、销售缓慢的库存，且已经接近 365 天的清理期限的库存，无法进行配送的库存（如商品已损坏、贴错标签或放错位置），无法满足销售需求的库存（如损坏、贴错标签或放错位置），滞留的库存（如不完整、缺失或不活跃的 Listing）等，如果卖家不及时移除这些产品，卖家不仅需要向亚马逊支付每月的存储费用，还可能要支付 LTSF（长期存储费用）和超期费用。

6.3.3 如何避免长期仓储费

对于即将需要交纳长期仓储费的产品，可进行移除订单操作。在库存管理里面搜索产品的 ASIN 码，选择产品之后单击"创建移除订单"。其中的"弃置"是直接把产品扔掉，而且每弃置一单需要付给亚马逊的一定费用。也可以选"配送地址"将产品从亚马逊仓库转移到第三方海外仓。如果该产品销量可以的话，可以再重新建立货件，发货至亚马逊仓库。通过这个操作，减少长期仓储费费用，如图 6.1、图 6.2 所示。

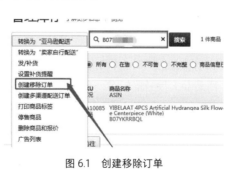

图 6.1 创建移除订单

图 6.2 查看自动移除设置

6.4 亚马逊FBA头程

亚马逊头程指的是商品从中国运到亚马逊海外仓这一段路程，亚马逊卖家将这一段路程称为亚马逊FBA头程。这一段的运输比较复杂，涉及清关、缴纳关税等，所以需要专业的货代服务商去处理。但是不同的服务商，不同的物流方式、收费标准、发货时效都是不一样的。因此卖家在选择物流服务商的时候，要根据自己产品的特点、自己的实际情况选择适合的物流服务商。

6.4.1 亚马逊头程运输方式

商业快递

商业快递常用的有DHL、UPS、Fedex，商业快递服务好、时效快，运输时效一般为3~5天，但运费单价也比较高。大部分卖家在选择商业快递时，往往首先看中的是其发货时效的优势。一般卖家用于紧急补货，或者产品有着非常高的运输时效要求才会选用商业快递。

空运加派送

空运加派送也叫空运专线，是通过空运的形式将产品从中国运送到亚马逊仓库所在国，再利用当地的快递公司将产品运到亚马逊仓库。时效性比商业快递略慢，一般运输时间为7天左右。比较适合体积小、重量轻的产品。目前空运的市场价格在40元/kg到60元/kg波动。很多卖家新品第一次发货的时候会选择空运，以快速地将产品发到亚马逊仓库，让产品可售，从而及时获得市场的反馈。

海运加派送

海运加派送是价格最低的运输方式，分为快船和慢船，快船的时效一般为25天左右，慢船的时效一般为45天左右。慢船每千克的价格是11元左右，快船的价格是每千克13元左右。一般海运的物流服务商有最低起运标准，如超过100千克才算一票。低于100千克，很多海运物流商是不接的。目前常用的海运有盐田海运、以星海运、美森海运。

铁路运输

如果是做欧洲站的卖家，也可以考虑铁路运输，铁路运输在某些城市可能比海运还要便宜得多。特别是在中西部地区，如武汉、成都等地区做亚马逊的卖家，铁路运输是做欧洲站的首选。

6.4.2　如何寻找靠谱的物流服务商

本书的首页有我的微信公众号，大家可以扫码免费领取物流服务商，这些服务商都是我用过的，价格相对合理，时效性也能得到保证，服务水平也在行业平均线以上。

首选跟亚马逊有合作的货代，具备很强的清关能力，能顺利地让亚马逊的产品入仓。

寻找具有海外仓的货代，因为在运营亚马逊的过程中。很可能会出现退货换标、移除订单，或者是紧急补货的情况。具备海外仓的物流服务商一条龙服务会节省我们很多的成本。

寻找的服务商，最好具备一定的经济实力。因为做亚马逊做到最后其实就是控制现金流，实力强大的物流服务商可以给到我们更长的账期，这样可以使卖家有限的资金发挥更大的作用，把1元当10元花。

寻找时效性稳定的服务商，亚马逊头程最重要的就是在规定的时间内把产品运到亚马逊仓库，否则就会有断货的风险，一旦断货，对我们产品的打击非常大，会影响我们店铺的稳定性与产品的权重。因此时效性过长或者经常无法保证稳定时效的服务商，尽量不要考虑。

选择物流服务商并不是价格越低越好，因为做国际物流也是有成本的，其价格过低就压缩了他们的利润空间。那么他们的服务一定是打折扣的，很可能会影响我们的产品及时入到亚马逊仓库，从而影响产品运营。

6.5　亚马逊FBA尾程

亚马逊FBA尾程指的是产品从亚马逊仓库送到客户手里的这段运输途径，不同体积、不同重量的产品所产生的亚马逊尾程配送费用是不一样的，卖家要把这部分费用也算到成本里面去，甚至尾程的配送费用是亚马逊卖家制订包装尺寸很重要的参考因素。

6.5.1　亚马逊尾程配送费用

亚马逊的尾程配送费是根据包装的体积及重量来计算的，图6.3是亚马逊的包装尺寸划分，尺寸的具体要求根据亚马逊的政策随时变动，仅供参考，然后按亚马逊尺寸分段来计算产品的尾程配送费用，如图6.4所示。

商品尺寸分段	重量		最长边		次长边		最短边		长度+围度	
	磅	千克	英寸	cm	英寸	cm	英寸	cm	英寸	cm
小号标准尺寸	0.75	0.34	15	38.1	12	30.48	0.75	1.905	不适用	不适用
大号标准尺寸	20	9.07	18	45.72	14	35.56	8	20.32	不适用	不适用
小号大件	70	31.75	60	152.4	30	76.2	不适用	不适用	130	330.2
中号大件	150	68.04	108	274.32	不适用	不适用	不适用	不适用	130	330.2
大号大件	150	68.04	108	274.32	不适用	不适用	不适用	不适用	165	419.1
特殊大件*	超过 150	超过 68.04	超过 108	超过 274.32	不适用	不适用	不适用	不适用	超过 165	超过 419.1

包装后的商品的最大重量和尺寸

图 6.3 尺寸分段

非服装类商品（标准尺寸）的亚马逊物流费用								
	小号标准尺寸（不超过10盎司）283.5g	小号标准尺寸（10至16盎司[不含10盎司]）16盎司=453.5G	大号标准尺寸（不超过10盎司）283.5g	大号标准尺寸（10至16盎司[不含10盎司]）453.5g	大号标准尺寸（1至2磅[不含1磅]）1磅=453.5g	大号标准尺寸（2至3磅[不含2磅]）	大号标准尺寸（3至21磅[不含3磅]）
配送费用	$2.50	$2.63	$3.31	$3.48	$4.90	$5.42	$5.42+$0.38/磅（超出首重3磅的部分）

服装类商品（标准尺寸）的亚马逊物流费用								
	小号标准尺寸（不超过10盎司）	小号标准尺寸（10至16盎司[不含10盎司]）	大号标准尺寸（不超过10盎司）	大号标准尺寸（10至16盎司[不含10盎司]）	大号标准尺寸（1至2磅[不含1磅]）	大号标准尺寸（2至3磅[不含2磅]）	大号标准尺寸（3至21磅[不含3磅]）
配送费用	$2.92	$3.11	$3.70	$3.81	$5.35	$5.95	$5.92+$0.38/磅（超出首重3磅的部分）

图 6.4 对应尾程配送费

6.5.2 如何利用亚马逊工具预测尾程费用

1. 在网页输入网址，美国站：https://sellercentral.amazon.com/fba/profitabilitycalculator/index?lang=en_US。

2. 进入该工具的网页，并将找到的对手的 ASIN 码输入栏目内，并单击"Search"按钮，如图 6.5 所示。

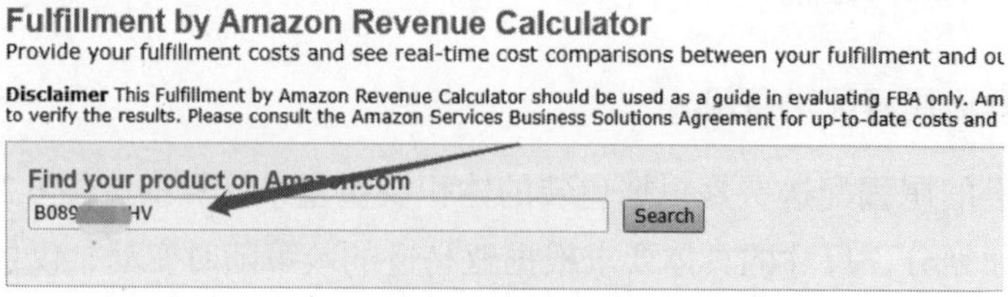

图 6.5 尾程工具

3. 单击"Calculate"按钮，就可以得出这个产品所支付的尾程配送费用是多少。应该注意的是，你的产品要同这个产品的尺寸和重量一致才不会出错。利用这种方法就可以在产品并没有实际出单前预测尾程配送费是多少，如图 6.6、图 6.7 所示。

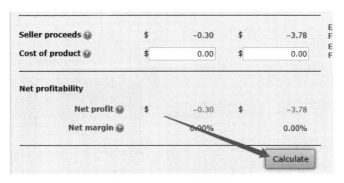

图 6.6 Calculate（计算）

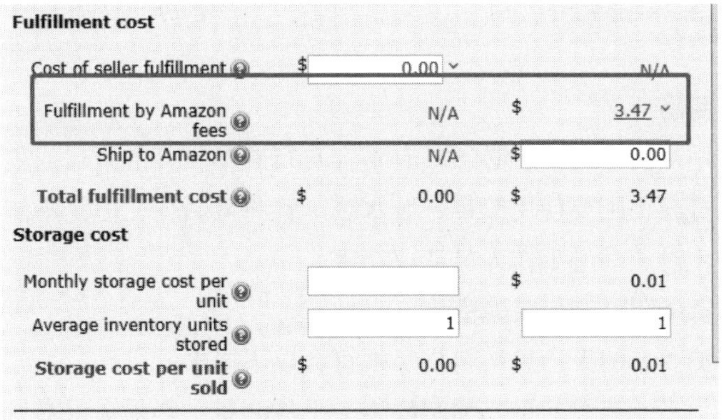

图 6.7 尾程计算结果

6.6 FBA发货前的准备工作

俗话说"心急吃不了热豆腐"，做亚马逊千万不能风风火火地着急发货，发货之前一定要把准备工作做好，做到有的放矢，防止忙中出错、乱中出错。

6.6.1 内箱包装要求

1. 散装商品

必须是独立包装且包装完好，确保没有任何部分暴露在外；外包装应密封以避免商品散落。

2. 套装商品

例如，作为一件商品出售的一套包含六个不同玩具汽车的套装，必须在其包装上标注套装标记。在套装商品上加上一个标签，明确表明该商品将作为单件商品进行接收和销售。例如，标注"This is a Set, Do Not Separate"（套装勿拆），如图 6.8、图 6.9 所示。

图 6.8　包装对比（1）　　　　图 6.9　包装对比（2）

3. 盒装商品

必须使用六面体盒子，必须具有不会自行轻易打开的开口或盖子。如果盒子容易自行打开，则要使用胶带、胶水或卡钉将其封住，但是不能用扎带和绑钉固定，防止对亚马逊工作人员造成伤害。

4. 用聚乙烯塑料袋包装的商品

用来保护商品的聚乙烯塑料袋必须符合以下要求。

开口不小于 5 英寸的聚乙烯塑料袋（平放测量）必须提供窒息警告，警告信息可以印在塑料袋上，或以标签形式贴在塑料袋上。

聚乙烯塑料袋必须是透明的。

聚乙烯塑料袋必须具有条形码（UPC、EAN 等）或可透过塑料袋扫描的 X00 标签，或在塑料袋外侧贴有 X00 或 ASIN 标签。

聚乙烯塑料袋必须完全密封。

聚乙烯塑料袋或收缩包装不得超出商品尺寸 3 英寸以上。

必须使用黑色的不透明聚乙烯塑料袋或收缩包装来包装成人用品。

警告标识应符合规定，如图 6.10 所示。

塑料袋的长宽之和	最小打印尺寸
60 英寸或更大	24 号
40 至 59 英寸	18 号
30 至 39 英寸	14 号
不足 29 英寸	10 号

图 6.10 包装要求

5. 内箱标签

在库存管理中，单击产品的“编辑”按钮，选择打印商品标签就会进入标签打印页面，内箱标签打印出来后，还要进行处理，里面加上“Made in China”的标志。发往国外必须有此标志，如图 6.11 所示。

标签贴的时候要保证条形码的完整性。千万不能贴错，一旦贴错造成的损失难以估计。因为货发送给买家需要支付一笔配送费，退回来还要支付一笔费用。而且退回来后，亚马逊会继续上架这个产品，直到这个产品的包装损坏。一般来说做跨境的包装质量都还是可以的，这就造成同一个物件因为标签贴错问题会产生好几次、甚至十几次的退货。总体核算下来，一旦标签贴错，可能会造成上万元的损失。

X002CYD95V
Artificial Flower Garland R...tion 4 Pack 7.5FT (Sunset)
新品 Made in China

图 6.11 内箱标签

6.6.2 亚马逊外箱包装要求

1. 重量要求

亚马逊不同站点对外箱的体积要求与重量要求都是不同的，以美国站举例，美国站要求外箱单箱重量不能超过 50 磅（约 22.68kg）。一个外箱只有一个产品，且这个产品的重量超过 50 磅的情况除外。但要在超重的产品外箱上贴上明显的多人合搬标签“Team Lift”；对于重量超过 100 磅的超重产品，需要在外箱上贴上明显的机械升降标签“Mech Lift”。

2. 尺寸要求

对于一个箱子里包含多个 SKU 的外箱，其任何一侧的长度均不得超过 25 英寸。如果箱子里面仅包含一件长度超过 25 英寸的大件商品，则箱子可以超过 25 英寸的上限。

3. 可以使用的包装材料

气泡膜、完整的纸张（较重的牛皮纸最佳）、可充气的充气垫、聚乙烯泡沫板。

4. 不可以使用的包装材料

各种类型的包装泡沫塑料（包括由可生物降解材料或玉米淀粉制成的泡沫塑料）、泡沫条、褶皱纸包装、碎纸、聚酯泡沫碎屑、发泡胶。

5. 外箱标签

外箱标签也需要再处理，添加"MADE IN CHINA"标签，如图 6.12 所示。

图 6.12 外箱标签

6.7 FBA如何发货

2021 年亚马逊针对"发/补充"货界面进行了非常大的调整，与过去的界面完全不同，简化了创建货件的步骤，提高了卖家的效率。这一年来亚马逊的页面变化比较大，具体情况以亚马逊实时更新为主。本文主要写的是本书出版之前最新的情况。

6.7.1 FBA的发货流程

1. 登录卖家后台，进入亚马逊管理库存界面，单击右侧的"编辑"旁边的下拉按钮，如图 6.13 所示。

亚马逊的发货模式 第6章

图 6.13 库存管理编辑按钮

2. 单击"发 / 补货"选项，进入发 / 补货页面，如图 6.14 所示。

3. 单击包装详情后面的"铅笔头"按钮，创建一个包装模板，创建好包装模板，以后就可以快捷使用。同一个 SKU 可以创建应对不同需求的三个不同的模板，如图 6.15 所示。

图 6.14 发 / 补货

图 6.15 创建模板

4. 给该模板设置一个模板名称，方便下次使用的时候选取（适合一个箱子里只有一个 SKU）。同时写好这个产品一个外箱里面装几个产品，以及外包装箱的尺寸（注意其单位是英寸，而不是厘米，很多新手会在这里犯错），填写外箱总重量（注意这里的单位是磅，而不是 kg），如图 6.16 所示。

5. 如果你的产品是一个外箱里面有多个 SKU，那就直接选取单件产品，然后在商品数量里直接填写要发货的该 SKU 的数量即可。实战中无论你是一个箱子里有多个 SKU，还是一个箱子里只有一个 SKU，填"单件商品"都可以。

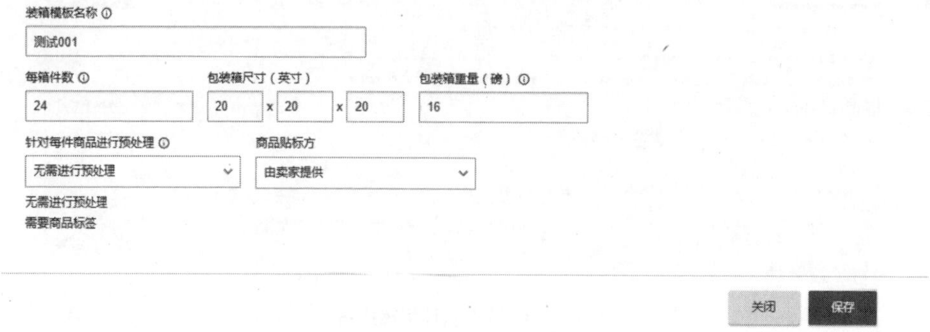

图 6.16 发货后台

6. 在"针对每件商品进行预处理"选项中根据实际情况填写，一般填写"无需进行预处理"即可，如图 6.17 所示。

7. 在"商品贴标方"选项中选择"由卖家提供"，因为如果选择"由亚马逊处理"的话，每单都会收取费用，如图 6.18 所示。

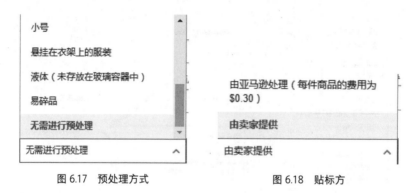

图 6.17 预处理方式　　　　　图 6.18 贴标方

8. 单击"打印 SKU 标签"按钮，并选择要打印的规格和要打印的标签数，如图 6.19、图 6.20 所示。

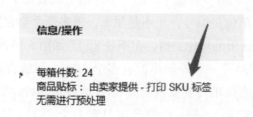

图 6.19 打印标签

图 6.20　打印标签数量

9. 如果一个箱子里只有一个 SKU，并且用了模板，此处填写此 SKU 的外箱总数，并单击"准备发货"按钮，如图 6.21 所示。

10. 如果模板选择了单件商品，此处直接填写本次要发货的此 SKU 的数量，如图 6.22 所示。

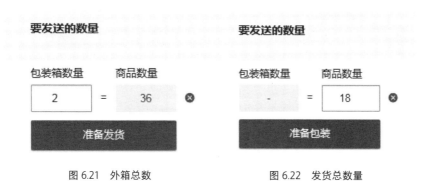

图 6.21　外箱总数　　　　　图 6.22　发货总数量

11. 如果上传的是新品，此步骤有的时候会报错，如图 6.23 所示。这时候需要来到图 6.24 显示的位置，即单击"所有亚马逊物流 SKU"按钮，单击图 6.24 箭头所指向的位置"缺少 ASIN 的重量和 / 或尺寸数据，请提供缺少的数据"。

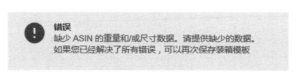

图 6.23　错误提示

图 6.24 后台位置示意

12. 填写产品的尺寸和数据后,即可单击"准备发货"按钮。

13. 根据实际情况选择,产品是所有商品都将装入同一个包装箱中,还是需要多个包装箱,并单击右下角的"确认"按钮,如图 6.25 所示。

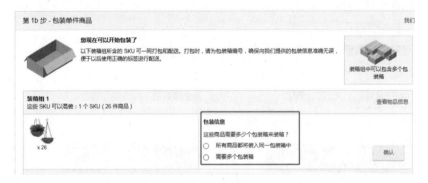

图 6.25 包装信息

14. 根据实际情况,填写需要发货的外箱总数并选择填写信息的方式,确定外箱的各项参数后进入确认发货阶段,如图 6.26、图 6.27 所示。

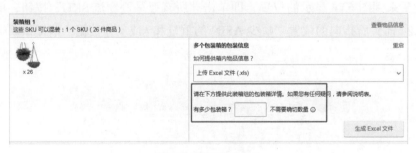

图 6.26 发货的外箱数

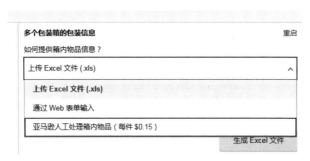

图 6.27 包装信息

15. 确认发货信息，填写对应日期并选择运输方式。运输方式有"小包裹快递"和"汽运零担"，一般选择"小包裹快递"，如图 6.28 所示。

图 6.28 发货日期

16. 选择运输承运人，根据为你提供服务的物流服务商选择对应的选项，在你不知道的情况下可以选择"非亚马逊合作承运人"中的"其他"，如图 6.29 所示。

图 6.29 物流承运人

17. 核实信息，确认无误后即可单击"接受费用并确认发货"按钮，如果信息有错误，单击"重新开始"按钮重复以上步骤，如图 6.30 所示。

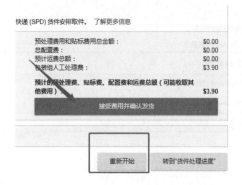

图 6.30　位置示意图

6.7.2　产品应该如何备货

新手刚刚开始做亚马逊的时候一般来说资金都比较有限，如何控制好资金，对于新手前期比较重要，比如产品的拿货价格和拿货数量就决定了我们在产品端的投入，拿货价跟市场以及选品有关，一旦选好供应商和款式之后，价格的变动不会太大。所以拿货数量是我们控制产品投入的一个关键。

1. 新品备货

新品首先需要测款，因为我们并不知道市场对这个产品的认可程度，产品发货数量偏少，起不到测款的作用。如果发货数量偏多，一旦市场不认可这个产品，就会造成产品积压、滞销，对卖家的现金流有很大影响。因此单 SKU 新品备货一般第一次发 30~50 个产品到亚马逊仓库，多 SKU 产品，选择一款你认为最好卖的，或者通过前期调研发现最好卖的一款产品，发 30~50 个到亚马逊仓库。

2. 稳定期备货数量

包装库存是月销量的 1.5 倍，要根据海运是快船（时效 25 天左右）还是慢船（时效 45 天左右）的具体时效来计算出安全库存。对于空运的产品，可以采用多批次、少批量的补货模式，或者空运＋海运的组合补货模式来兼顾时效与价格。处于稳定期的产品一定不能断货，否则排名瞬间下降。

3. 季节性产品备货

对于季节性产品，不建议新手去做，很容易造成库存积压，但如果你做的是季节性产品，应该注意，一般季节性产品的产品数量要能覆盖整个季节，如圣诞节的产品，那产品数量就要覆盖整个圣诞节日的旺季周期。

4. 根据淡旺季备货

产品的发货时间、发货数量要结合亚马逊的淡旺季去分析，一般来说淡季发货可以按照月销售数量的 1.5 倍去备货。这时候无论是亚马逊的业务量还是物流服务商的业务量都是正常水平，可以按时保证我们产品入仓的时间。但是下半年旺季发货很可能出现爆仓或者排队入仓的情况，那么因此耽误的时间就要考虑进我们的发货计划。特别是对于要参加旺季促销的产品，一定要提前发货，保证产品能在亚马逊的最迟入仓时间内入仓。

6.7.3 产品为什么会分仓

亚马逊后台是默认分仓设置，即"分布式库存配置"。亚马逊为了获得更好的买家体验，更快地把产品送到客户手里，甚至可以做到"当日达""次日达"，所以在全美建了很多亚马逊仓。根据大数据分析，哪个区域购买的人数多，该地区的仓库就多配点货，哪些地区的人购买得少，就少配点货。所以为了提高效率以及成本，亚马逊会把卖家发到 FBA 仓库的产品分为几份，这样可以减少后期各个仓库之前的调配时间，以便消费者更快地收到产品。

6.7.4 如何设置产品合仓

亚马逊是"重买家，轻卖家"的平台，分仓对买家友好，但是对卖家来说却增加了成本。最直接的就是头程费用增加，产品总体积或者总重量越大，头程运输的费率越低。如果一批货发往不同的亚马逊 FBA 仓库，产品也被分成了好几份，头程费用价格就会上升。需要我们对后台进行一些设置来取消后台分仓的默认形式。

1. 登录卖家后台，在右上角单击"设置"按钮，并选择"亚马逊物流"选项，如图 6.31 所示。

图 6.31 卖家后台设置

2. 单击"入库设置"右侧的"编辑"按钮，如图 6.32 所示。

图 6.32　设置亚马逊物流编辑

3. 选中"库存配置选项"中的"库存配置服务"单选按钮，并单击"更新"按钮，完成合仓操作，如图 6.33 所示。

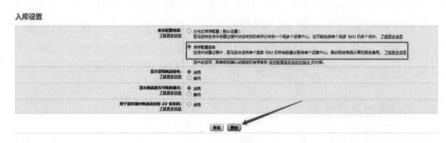

图 6.33　合仓操作

4. 合仓操作是新手拿到店铺就要进行的操作，但是合仓操作每一件的产品都是要收费的。不同站点的收费会不一样，美国站的收费标准如图 6.34 所示。

库存配置服务费用	
标准尺寸商品（按件收取）	
小于或等于 1 磅	$0.30
1-2 磅	$0.40
超过 2 磅	$0.40 +（超出首重 2 磅的部分）$0.10/磅
大件商品（按件收取）	
小于或等于 5 磅	$1.30
超过 5 磅	$1.30 +（超出首重 5 磅的部分）$0.20/磅

图 6.34　库存配置服务费用

6.7.5　实战中合仓被收费了怎么解决

当运营到一定的程度，每次发货几百上千件的产品，合仓费用也是一笔不小的投入。那么如何减少甚至消除合仓费用呢？

1. 如果发货创建货件时被告知的合仓费用很多，可以删除该货件，并通过后台"设置"里的"亚马逊物流"选项，将"库存配置服务"改成分仓的"分布式库存配置"，再重新建立货件。那么有很大的可能性，亚马逊还是一个合仓的库存配置，但是没有收取合仓费用。

2. 如果第一种方法不管用，还是被分仓了，那么我们可以通过提高填写发货数量，直到某一个仓库的发货数量接近我的实际发货数量，然后其他的仓库不发货，就发这一个仓库的，其他仓库的发货计划后期可以删除。这样通过操作就完成取消了合仓费用，但是这种方法不能常用，否则会被亚马逊警告。

6.7.6 如何防止产品断货

1. 如果产品已经断货，可以用自发货产品来跟卖，这样可以保证产品的排名不会快速下滑，保持产品 Listing 的权重。同时跟卖的自发货价格提高一点，防止抢走 FBA 产品的流量。等到产品补货成功后，再直接删除掉跟卖产品。

2. 如果产品按照正常的销售情况，断货不可避免，那么卖家可以提高产品的售价，降低产品的出单量，从而延长产品的销售周期，直到补货入仓。虽然提高售价会影响我们的销量，但是跟断货造成的后果相比，提高售价造成的危害更小。所以当断货不可避免要发生后，提高售价也是常用的手段之一。

3. 供应端也可能会造成卖家的产品断货，如果只有一个供应商，一旦供应商交货不及时，就会造成卖家产品的断货，所以我们要多选几个供应商，在某家供应商出问题的时候，不至于影响我们产品的正常销售。

6.8 海外仓

本质上，亚马逊 FBA 仓库跟海外仓实质上是没有区别的。亚马逊 FBA 是亚马逊官方的，而海外仓是第三方的。越来越多的卖家开始使用海外仓，配合亚马逊 FBA 仓来使用，使得卖家的调配货品更加的灵活。

6.8.1 退货换标服务

在日常的运营中一定会出现退货，比如衣服的退货率能达到 20%，一般标品类目的退货率也有 3%~6%。对于退货产品中包装和产品没有问题的，亚马逊会重新上架。而对于包装出现轻微损毁的产品，亚马逊会对卖家进行一定程度的补偿。但是亚马逊会以"Amazon Warehouse"的品牌对卖家的原产品进行跟卖，会对我们的产品造成一定影响。因此如果卖家不想被亚马逊跟卖，可以把这些破损的产品直接选择退货到合作的海外仓，将产品重新打包并贴标后，重新发回亚马逊上架销售。

还有因为各种原因造成的不可售产品，比如贴错标签、产品被强制下架等，都可以把这些产品挪仓到海外仓，重新进行贴标。

6.8.2 FBA的中转站

亚马逊为了节省FBA仓储费用，同时也为了提高仓库货物周转率，对卖家发往FBA仓库的产品有着数量的限制，对于一些上升期的产品来说很难保证产品的稳定供应。另外，亚马逊对于存放在FBA仓库一定时间的产品会加收长期仓储费，提高了成本，所以卖家也不能备大量货在亚马逊仓库。

海外仓解决了卖家的燃眉之急，卖家可以将产品存储在海外仓中，当FBA的库存即将售罄的时候，可以快速地从海外仓进行补货，从而减少了很多中间环节，提高了时效，对产品的稳定运营起到了重要作用。

6.8.3 独立站的后勤

对于一些超级大卖家来说，亚马逊的营业额已经远远不能满足他们的需求，因此很多大卖家会以独立品牌的方式建立独立站，做私域流量，扩充自己的品牌版图。海外仓就成为他们的发货、售后中心。

6.9 自发货FBM模式

对于启动资金不足的新手，如果所在站点和运营的产品类目竞争不是很激烈，可以考虑采用自发货FBM模式，减少启动时过多的资金压力。本节对亚马逊自发货的模式、运费的设置进行说明。

6.9.1 什么是FBM

FBM是"Fulfillment by Merchant"的简称，也是常说的自发货模式。特点是不用批量发货到FBA海外仓，出单后，直接从国内寄往客户手里。所以没有商品滞销的风险。前期投入较低，不需要租赁仓库，适合新手。但随着越来越多的人进入大亚马逊平台，FBM的空间逐渐被蚕食。跟FBA相比他的运输周期特别长,从中国到海外客户手里可能需要 14~28 天的时间。因此买家购买的时候一般不会选择自发货产品。

6.9.2 自发货的物流方式

自发货根据产品的尺寸、重量、货值、利润等情况会选取不同的物流方式,常见以下 4 种物流方式。

1. 邮政包裹

邮政包裹是跨境电商卖家的主要发货方式,也是亚马逊自发货卖家的主要发货方式之一。据不完全统计,有超过 70% 出口包裹为邮政投递,有超过 90% 的跨境电商卖家将邮政包裹作为必备发货渠道之一。

邮政包裹拥有覆盖面广、资费低、清关能力强的特点,物流产品类型包括国际 EMS、国际 E 邮宝、国际挂号 / 平邮小包。国际 EMS,属于邮政速递性物流渠道,拥有不计抛的特点。国际 E 邮宝,专为跨境电商卖家打造的物流产品,更契合电商平台对物流产品的要求。

国际挂号 / 平邮小包,是当前时效最慢、价格最低的空运模式,适合小件、低价值、对物流时效要求不高的货物使用。

2. 国际快递

国际快递,即 DHL、Fedex、UPS 快递公司。这些国际快递公司在全球搭建了物流网络,能为托运人提供货物送达全球的递送服务,物流时效快、稳定性好、安全性高。其中,DHL 国际快递适合重量 5kg 的物品,Fedex 国际快递适合重量 10kg 以下的物品,UPS 国际快递适合重量 23kg 以上的物品。

在提供良好物流服务的同时,国际快递的报价也是比较高的,是整个空运中资费最高的物流方式。亚马逊自发货卖家在使用国际快递时,一定要与优质代理商合作,降低物流成本,否则邮费会非常昂贵。

3. 专线物流

专线物流,一般是通过航空包舱方式运输到国外,再通过合作的物流公司进行末端派送。专线物流的优势在于运输路线固定,能通过规模效应降低运输成本,物流时效较为稳定、物流报价也比商业快递较低。

目前常见的专线物流有美国专线、加拿大专线、欧洲专线、俄罗斯专线、日本专线等,另外还有公司针对性推出土耳其专线、以色列专线、中东专线、巴西专线等。这些专线物流,适合对时效要求一般、需寄运敏感类物品的卖家使用。

4. 海外仓

一般亚马逊自发货卖家不会选择这种发货方式，因为这种发货方式本质上与 FBA 仓库一样，都是利用头程大批量备货，等客户下单后，利用海外仓储快速发货，提高整个货物的运输效率。不过疫情当下，使用海外仓也是一个不错的选择。

6.9.3 自发货如何设置运费

1. 登录后台→设置（Setting）→配送设置（Shipping Setting），如图 6.35 所示。

图 6.35 配送设置

2. 在"一般配送设置"页面单击"编辑"按钮可以修改发货地址，一般默认为注册时的地址。可以更改发货地点，买家能在商品中看到这个发货地点，如图 6.36 所示。

图 6.36 配送设置编辑

3. 选择运费设置方式分为两种：按订单金额（Price Banded）和按商品/重量（Per Item/Weight-Based）。

4. 一般国内卖家只选择"标准配送"，配送时效为 14~28 天。针对不同地区设置不同的首重价格及续重价格，具体以合作的物流商的报价为准，如图 6.37 所示。

图 6.37　国内配送设置

6.9.4　自发货如何设置退货地址

选择后台"设置"，单击"账号信息"，单击"退货信息"，进入"退货设定"页面，并单击"设置地址"按钮对退货地址进行设定，如图 6.38、图 6.39 所示。

图 6.38　退货信息

图 6.39　退货设定

买家退货后，要不要把产品运回来应根据产品的货值和运回来的费用进行衡量。在某种情况下，对于卖家来说退回来更不划算，不如直接把产品送给买家，防止造成更大的损失。

第7章 认识亚马逊的后台

做亚马逊的卖家，每天面对最多的就是亚马逊的后台，本章对亚马逊的后台进行最新的解读，希望对卖家朋友们有一定的帮助。特别是对于“买家消息”“如何开 case”等，希望卖家朋友可以熟练掌握。

7.1 十二个后台选项卡

卖家后台的主要功能基本都集中在十二个选项卡中，如图 7.1 所示。

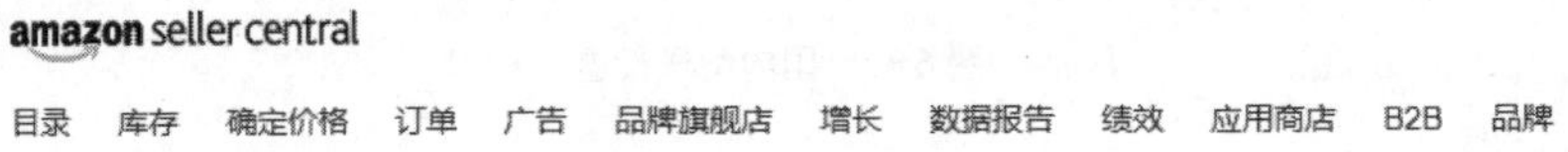

amazon seller central
目录
库存
确定价格
订单
广告
品牌旗舰店
增长
数据报告
绩效
应用商店
B2B
品牌

图 7.1　后台示意图

1. 后台标志

无论卖家处于后台任何界面，只要单击后台标志，即可回到后台首页界面。

2.“目录”选项卡

“目录”选项卡，如图 7.2 所示。

目录
库存
确定价格
订单
广告
品牌旗舰店
增长
数据报告
绩效
应用商
添加商品
补全您的草稿
查看销售申请
打开订单
今天的销售额

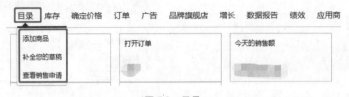

图 7.2　目录

添加商品，用于新产品的上传。卖家运用此功能可以上传单体产品、变体产品，也可以批量上传产品。

补全您的草稿，用于存储未完成的被系统驳回的商品信息，被系统驳回以后，这些不符合亚马逊商品信息规则的产品以草稿的形式存储在亚马逊系统中，卖家可以随时查看和编辑这些商品信息。

查看销售申请，用于卖家在此处查看被限制销售产品的申请进度和结果。

3. "库存"选项卡

"库存"选项卡，如图 7.3 所示。

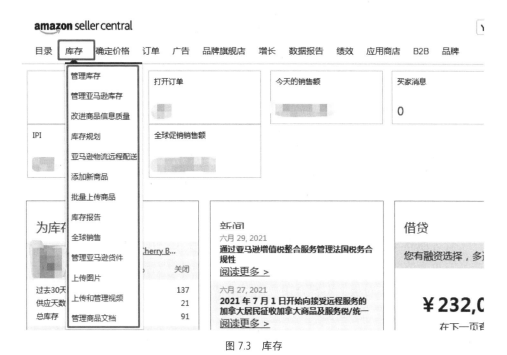

图 7.3 库存

管理库存，提供搜索、查看、更新库存商品信息的工具。这里的库存是包括了 FBA 库存和自发货库存的全部库存。

管理亚马逊库存，提供搜索、查看、更新库存商品信息的工具，仅仅包含 FBA 库存。

改进商品信息质量，用于查看最新的商品信息质量改进建议，帮助卖家完善产品信息。

库存规划，提供了库存绩效指标、管理冗余库存、查看库龄、低库存补货提醒、修复无在售信息的亚马逊库存、管理亚马逊物流退货等多种信息及功能。

亚马逊物流远程配送，可实现美国、加拿大、墨西哥三个国家共享库存，商品直接从美国发货，这将帮助亚马逊美国站卖家进入加拿大、墨西哥市场。卖家要先进行 NARF 计划的参与注册。完成注册后，卖家店铺产品将会实现同步。

添加新商品，用于上传新商品，这里主要指单独上传新商品。

批量上传商品，用于上传新产品，这里主要是指批量上传新商品。同时，商品的合并、拆分也可以在这里处理。

库存报告，卖家在此处可以下载所有在售商品的库存报告。其中包含了在售商品的 SKU、价格、数量和 ASIN 等信息。

全球销售，在这里卖家可以对自己的不同亚马逊站点形成关联，关联后账户信息同步。

管理亚马逊货件，用于查看卖家发往亚马逊 FBA 仓库的货件状态，可以随时跟踪货件的动态变化。

上传图片，如果是日本站，此处上传 A+ 页面。美国站这个功能一般不用，美国的 A+ 另有位置。

上传和管理视频，卖家可以在此处进行商品视频的上传和管理。上传的视频会出现在商品主图第七张的位置。

管理商品文档，可以自行上传产品文档，以便买家在浏览产品时，可以对产品有更为清楚的认知，从而促进产品的成交，同时也有助于减少客户的退货率，避免出现货不对板，不符合用户期望的情况出现。此功能一般不常用。

4."确定价格"选项卡

"确定价格"选项卡，如图 7.4 所示。

图 7.4　确定价格

定价状况，卖家的所有产品中，某些产品因为价格问题而导致竞争力偏弱，未获得购物车。系统提示这些产品，建议卖家对价格进行调整。

管理定价，用于设置商品价格。

自动定价，为卖家的产品提供自动定价功能，卖家可以提前设置好规则，系统会按照卖家设定的规则自动调整价格。

佣金折扣，对于某些商品，如果卖家以等于或者低于系统显示的价格上限的价格销售，这些商品便有可能享受到相应的销售佣金折扣。销售佣金折扣是亚马逊官方提供的限时优惠，旨在帮助畅销品以更有力的价格抢占市场。

协议定价，该功能只针对注册了亚马逊企业采购商城的卖家开发，一般中小卖家用不上。

5."订单"选项卡

"订单"选项卡，如图 7.5 所示。

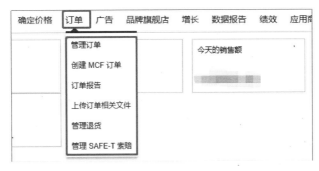

图 7.5　订单选项

管理订单，主要向卖家展示各个销售渠道的所有订单的数量。另外，卖家还可以利用该功能中的高级搜索功能进行特定类型订单的搜索。

创建 MCF 订单，借助多渠道配送，当卖家在自己的网站或其他电子商务网站上销售商品时，亚马逊可将卖家的库存储备产品进行分拣、打包，并将它们配送给买家。

订单报告，为卖家提供 90 天内的订单数据报告。订单报告中既包括详细的商品信息，又包括买家的部分个人信息。

上传订单相关文件，此功能只对选择自发货的专业卖家开放。自发货的专业卖家可以通过上传配送确认文件进行订单信息的批量修改，从而大大节省其订单处理时间。

管理退货，主要向卖家提供商品的退货相关信息，包括详细的退货数据、退货原因、退货订单记录等。

管理 SAFE-T 索赔，此为亚马逊针对退货政策为卖家提供的一项索赔功能，如亚马逊订单显示已经签收，而买家说没有收到货，或者卖家收到了被买家损坏的产品时,卖家可通过此处申请亚马逊索赔。

6. "广告"选项卡

"广告"选项卡,如图 7.6 所示。

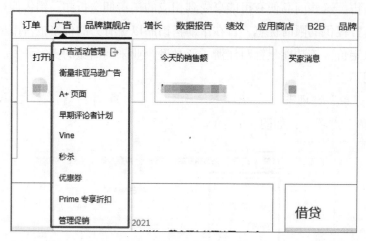

图 7.6　广告

广告活动管理,创建广告的位置,卖家可以在此处设置自动广告、手动广告、视频广告、落地页广告等各种类型的亚马逊广告。

衡量非亚马逊广告,是亚马逊推出的站外广告跟踪工具,我们可以知道亚马逊产品站外流量的来源,方便我们追踪站外广告的效果,优化营销策略。

A+ 页面,只针对品牌完成备案的卖家开放,通过品牌备案的卖家可以在此处对产品进行 A+ 页面的设计。

早期评论者计划,亚马逊为促进新产品的销售,提供的官方索评功能。该功能从 2021 年 3 月 10 日起不再接受新的申请。

Vine,亚马逊为促进新产品的销售,提供的官方索赔功能。该功能只针对品牌注册了的卖家使用。

秒杀,亚马逊官方提供的非常有力的促销方式之一。卖家可以在后台为产品申请秒杀活动,包括"秒杀"和"七天促销"。秒杀是产品提升排名,提高销量的非常有效的方式。

优惠券,亚马逊官方提供的产品促销工具,设置了优惠券的产品,会在搜索结果页面有提醒标志,能提高产品的点击率和转化率。但设置了优惠券的产品成功售出后需要缴纳一定的服务费,一般为 0.6 美元一单。

Prime 专享折扣,这是亚马逊官方为 Prime 设置的专享优惠。

管理促销，亚马逊官方促销工具，可以在此处设置折扣优惠，以及查看全店促销信息。

7."品牌旗舰店"选项卡

"品牌旗舰店"选项卡，如图 7.7 所示。

图 7.7 品牌旗舰店

"品牌旗舰店"选项卡只有一个功能，完成了品牌备案的卖家，才能注册亚马逊品牌旗舰店。此功能可以为自己装修店铺首页，设计自己的店铺风格。可以通过站外推广自己的店铺，从而提升店铺的流量与销量。

8."增长"选项卡

"增长"选项卡，如图 7.8 所示。

图 7.8 增长

配送计划，包含了订省购、亚马逊轻小商品计划、全球物流计划的注册和退出的设置。

浏览计划，包含了一些亚马逊推广内容的培训官方视频。

定制计划，支持卖家为亚马逊买家提供按需定制的商品。借助定制计划，卖家可以征集买家的配置或定制要求。

9."数据报告"选项卡

"数据报告"选项卡，如图 7.9 所示。

付款，为卖家提供店铺账户款项的周转情况。卖家可以在此处查看其账户的转账日期、广告费用、仓储费用、转账申请等信息。

亚马逊销售指导，为卖家提供官方的销售指导报告，包括了库存、销售、配送、广告、定价等方面的建议。同时也可以设置邮件接收情况，设置可接收类型与拒绝接收类型。

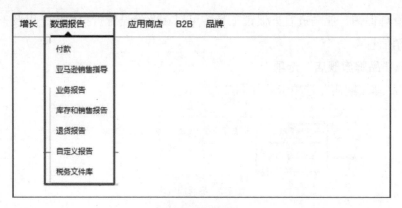

图 7.9 数据报告

业务报告，提供店铺的销售数据，可以按日期查看商品的销售情况，也可以以产品为单位查看其销售数据。销售数据包括买家浏览量、页面浏览量、点击率、转化率、销量等数据。

库存和销售报告，对卖家的库存情况，进行了非常详细的数据整理，并可对数据进行下载。

退货报告，为卖家提供退货的详细信息，可以查看退货情况，并可对数据进行下载。

税务文件库，为卖家提供与税务相关资料，可以通过此处资料计算出准确的商品税务情况。

10."绩效"选项卡

"绩效"选项卡，如图 7.10 所示。

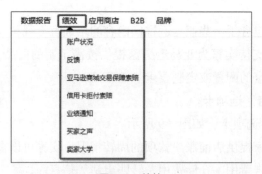

图 7.10 绩效

账户情况，可以查看并下载关于客户服务绩效、商品政策合规性、配送绩效等内容，方便运营人员通过数据发现店铺账户的问题所在，从而运用运营技巧，提高店铺的绩效指标。

反馈，卖家可以在此处查看店铺的反馈内容、反馈得分，同时可以下载反馈报告。方便运营人员通过反馈数据对店铺进行合理的操作。

亚马逊商城交易保障索赔（AZ 索赔），这是亚马逊对买家的保护政策。买家如果对卖家的商品或者服务不满意，可以向亚马逊平台发起 AZ 索赔。AZ 索赔对店铺的影响非常大，卖家一定要规避 AZ 索赔。如果买家提出产品疑问，我们一定要耐心解决。甚至可以直接把产品送给买家，以防止 AZ 索赔发生。

信用卡拒付索赔，当买家对自己的亚马逊订单有疑惑时，买家会提出拒付申请，而此产品费用如果卖家不想承担，可以联系亚马逊官方进行处理。

业绩通知，向卖家展示在 365 天之内，亚马逊发给卖家的绩效通知，这些邮箱卖家一定要注意查看和处理。

买家之声，卖家可以查看自己绩效得分，确保自己的客户满意度在合理范围内，如果某个商品的不满意订单比例过高，这个产品就很有可能被限制销售。因此，卖家要及时处理买家之声的提醒。

卖家大学，亚马逊提供给卖家的学习平台。亚马逊官方通过文字、视频的方式来指导卖家了解亚马逊最新官方政策、店铺运营技巧等知识，从而辅助卖家快速成长。

11."应用商店"选项卡

"应用商店"选项卡，如图 7.11 所示。

图 7.11　应用商店

官方移动应用，亚马逊官方推出的帮助卖家可以手机管理店铺的 App，可实现回复买家消息、修改价格等基本运营操作，其功能在逐步完善。

发现应用，亚马逊审核通过的第三方应用小程序，卖家可以自主选择，用以辅助运营店铺。

管理您的应用，用于管理卖家已经购买的第三方小程序。

探索服务，卖家可以在这里寻找符合自己需求的财务、仓储、图片处理等方面的服务商资源。具备服务资质的服务商也可以在这里对自己的服务进行推广。这里是亚马逊为服务商跟卖家之间搭建的一个服务对接平台。

开发应用程序，为有能力开发的卖家提供的开发者端口。

12．"B2B"选项卡

"B2B"选项卡，如图7.12所示。

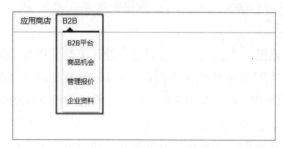

图 7.12　B2B

账户开通成功后会自动开通B2B平台账户，亚马逊B2B平台主要面向企业和机构买家，满足其一站式商业采购的需求。在B2B采购中，87%企业买家会使用Amazon进行搜索，78%的买家使用过Amazon采购。平台也根据用户身份分别进行价格展示，普通消费者看到的是B2C的价格，而企业用户看到的则是B2B的价格，所以针对企业用户设置梯度价格就很有必要。而且因为企业买家的采购量比较大，一般也很少会发生退货现象。

13．"品牌"选项卡

"品牌"选项卡，如图7.13所示。

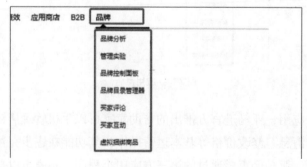

图 7.13　品牌

品牌分析，是为品牌方提供一些有价值的经营数据，以帮助品牌所有者能够更好地进行产品组合及营销与广告策略的决策，主要包含亚马逊关键词搜索、商品比较、人群统计。这三个模块的逻辑为用户需求数据、产品数据以及人群数据，这三个模块大体可以帮助我们确定产品开发的思路和方向，以及营销与广告的策略。

管理实验，当对产品的A+、主图有两个想法，而不知道哪种方法的效果更好时可以利用该工具，对两种想法进行数据对比，针对点击率、转化率等情况的优劣选择最适合的方案。

品牌控制面板，为帮助品牌所有者成长而创建的工具、程序和服务，该控制面板仅向品牌商开放，可帮助他们管理影响买家体验的品牌健康度指标。

品牌目录管理器，品牌目录管理器是专供品牌方使用的工具，其中列出了在亚马逊上销售的品牌的所有商品。借助该工具，可以了解是谁在销售您的商品、买家体验如何，以及对于没有品牌方直接报价的商品预计会有哪些销售机会。

买家评论，通过"品牌控制面板"上的"买家评论"页面，品牌所有者可以轻松地追踪其品牌商品的所有新买家评论。关注买家的看法非常重要，这样可以发现并纠正商品或商品信息缺陷，发现并举报滥用行为，或者对买家评论进行回复。评论数据会在评论发表在商品详情页面上的24小时内发布在"买家评论"页面上，并且会保留30天。

虚拟捆绑商品，捆绑商品是可售产品中的2~5件商品，通常作为一个整体打折销售。这些商品不是包装在一起，而是一起销售。捆绑商品让买家能够购买到搭配出色的商品，从而更轻松地从您的品牌中发现和购买更多商品。

7.2 如何使用"买家消息"功能

卖家后台的"买家消息"是卖家接收、回复买家留言的场所，如图7.14所示。

图7.14 买家消息

1. "买家消息"的基本功能

亚马逊官方为了防止流量的外流，禁止卖家主动联系买家。而买家消息是亚马逊唯一一个卖家和买家之间能交流的渠道。买家与卖家之间通过邮件进行交流。此工具亚马逊只允许卖家与买家直接对具体交易细节，如退货、换货、使用方法、安装、售后等问题进行交流。卖家在回复的时候只能发送符合亚马逊规定的内容，如图 7.15 所示。

图 7.15　卖家回复示意图

2. "买家消息"的注意事项

在买家消息的沟通中，卖家不能将自己的联系方式发送给卖家，就算发送了亚马逊也会屏蔽该内容。同时卖家不能在内容中向买家要求进行邀评和删除评价，尤其是用商品折扣形式或者提供免费商品的形式进行邀评和删评。一旦被发现，店铺将面临停止店铺销售权的处罚。

3. "买家消息"的邮件模板

卖家可以提前设置好面对买家不同情况的回复内容，设置内容模板，可以大大提高回复效率。首先单击"管理邮件模板"链接，如图 7.16 所示。

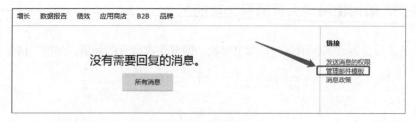

图 7.16　邮件模板

然后设置模板名称方便下次使用，同时设置好占位符（不同买家之间，某些信息不同，占位符可对不同内容进行修改），如图 7.17 所示。

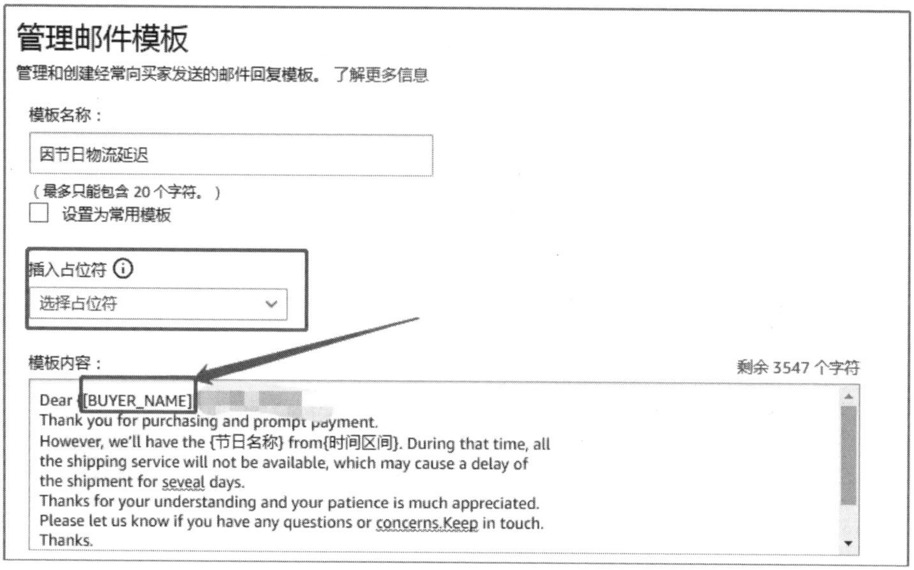

图 7.17 设置模板

4. 如何延长"买家消息"回复时效

在亚马逊的绩效考核中，对买家消息的回复时效也是考核的指标之一，卖家要在 24 小时之内至少回复 90% 以上的买家消息，才不会对绩效产生影响。可是卖家如果因为某些状况无法及时回复买家消息时，会对绩效产生较大影响。但是我们可以通过单击"不需要回复"按钮延长系统的计时，等到时间情况允许的时候再进行回复，如图 7.18 所示。

图 7.18 不需要回复

7.3 如何开case

作为一名亚马逊新手，在问到一些问题的时候，总有人告诉你去后台开个case。那么开case是什么意思，又在后台哪里开case呢？现在有新老两个不同版本的显示形式，如图7.19、图7.20所示。

图 7.19　新版帮助键

图 7.20　老版帮助键

1. 开 case 的步骤

单击"帮助"按钮后，在出现的页面底部单击"需要更多帮助"下的"获得支持"按钮，如图 7.21 所示。

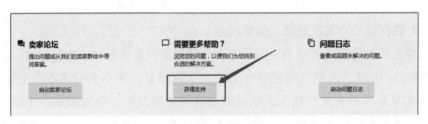
图 7.21　获得支持

然后，在出现的页面中单击"我要开店"链接，如图 7.22 所示。

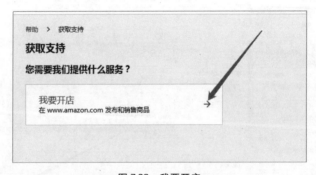
图 7.22　我要开店

接下来，在出现的页面中的最下方单击"或在菜单中通过浏览查找您的问题"链接，也可以直接在该页面，用英文写出要解决的问题，如图 7.23 所示。

认识亚马逊的后台 **第 7 章**

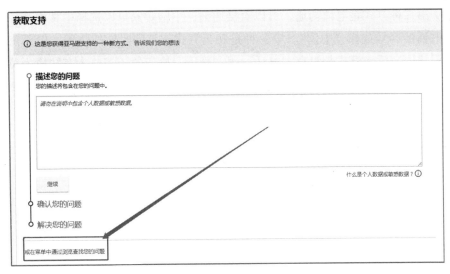

图 7.23 通过菜单查找问题

最后，在出现的列表中选择你需要处理的问题，如图 7.24、图 7.25 所示。

图 7.24 列表

图 7.25 详细列表

选择好问题后有几种方式供卖家联系亚马逊客服，最多的一种是邮件沟通。通过邮件的方式跟客服交流，客服起码几个小时才会回复，比较耗时间，如果是比较容易解决的小问题，可以选择这种方法。

163

第二种方式是电话沟通，可以直接通话，中国卖家可以选择中文模式，注意电话的区号选择"中国"。第三种是聊天方式，是即时性的聊天。但是部分问题的中文后台模式是没有"电话"跟"聊天"按钮的，需要大家转换为英文模式。一般来说英文客服相对拥有更高的权限，解决问题的速度也更快，选择语言为英文，联系英文客服，如图 7.26 所示。

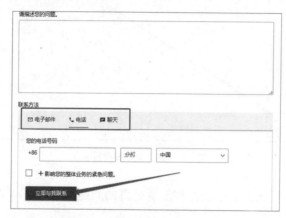

图 7.26　立即联系

2. 如何查找"问题日志"

当申请 case 之后，有些问题并不会立刻得到答案，卖可以通过"问题日志"来搜索之前 case 的进度，如图 7.27、图 7.28 所示。

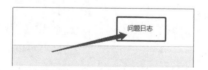

图 7.27　问题日志

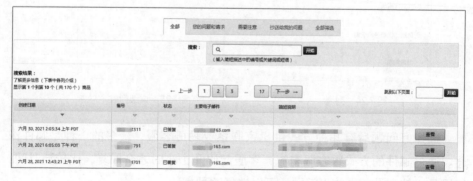

图 7.28　问题日志列表

7.4 卖家后台"设置"详解

现在亚马逊更新了后台界面，因此目前有两个界面，如图7.29、图7.30所示。

图7.29 老版设置

图7.30 新版设置

1. "退出"按钮

"退出"按钮一般不用，此按钮的作用是退出亚马逊账户。

2. 账户信息

账户信息主要用来设置卖家账户的资料、付款信息、业务信息、发货和退货信息，以及税务信息等，如图7.31所示。

图7.31 卖家账户信息

您的卖家资料：卖家可以修改电话和邮件等店铺基本信息。

付款信息：卖家在这里设置自己的存款方式、付费方式、已开发票订单付款设置、广告付费信息。在"付费方式"中可以更改自己绑定的信用卡。在"广告付费信息"中卖家可以对广告的付费方式进行设置，选择广告费是从卖家账户余额中直接扣除，还是用卖家绑定的信用卡来支付。在"已开发票订单付款设置"中，卖家可以选择当买家付款给亚马逊的时候获得付款，此方式回款时间较长。卖家也可以选择在发货后立即得到付款，此方式亚马逊要收取费用的 1.5% 的服务费。

业务信息：卖家在此处可以更改办公地址、公司名称、营业执照注册地址。此处一般很少用，只有在变更营业执照的时候需要再次进行修改。

发货和退货信息：卖家可以在"退货信息"中设置退货地址。在"配送设置"中设置自发货的配送模板。

税务信息：卖家在此处可以查看税务的相关信息。

3. 通知选项

用来设置邮件接收亚马逊信息的类型，根据每个卖家不同的需求，选择接收不同类型的邮件，对不需要的通知可以直接选择屏蔽，如图 7.32 所示。

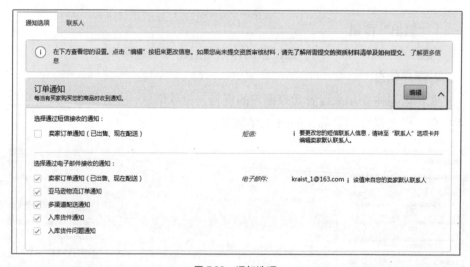

图 7.32　通知选项

4. 登录设置

用来修改卖家登录卖家账户的基本信息，包括姓名、邮箱地址、手机号码、密码以及两步验证，如图 7.33 所示。

图 7.33 登录设置

5. 退货设置

此模块用来设置退货地址，并设置退货规则，如图 7.34 所示。

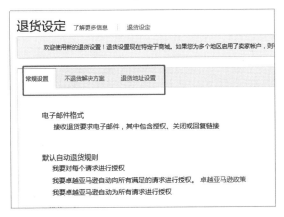

图 7.34 退货设置

6. 用户权限

可将卖家本店铺的资料以及操作权限授权给第三方。卖家常用的一些第三方软件就是在这里授权的，如船长、领星等，也包括一些提供其他服务的第三方服务商，如图 7.35 所示。

7. 用户权限历史记录

可以查看授权的账户在什么时候查看过本店铺的信息，以及我们对第三方账户的取消授权，授予权限的记录。

8. 您的信息和政策

包含了卖家账户的个人资料、配送、隐私政策、礼品服务、税收、常见问题解答、认证等内容的设置，如图7.35所示。

图 7.35　后台设置

9. 亚马逊物流

（1）可选服务。

在此处可以选择亚马逊贴标服务，但是亚马逊的贴标服务是收费的，在这里默认设置为"已禁用"。一般来说中国卖家这里都是禁用的，因为大部分中国卖家都是自己贴标或者是供应商提供贴标服务，如图7.36所示。

图 7.36　可选服务

（2）入库设置。

在此处用来设置卖家FBA仓库发货时是分仓还是合仓，此处默认为"分布式库存配置"，即分仓模式，如图7.37所示。

图 7.37　入库设置

（3）翻新设置。

此处是亚马逊将处于可售状态但包装残损的产品进行重新包装和翻新服务，此功能默认为已启用，且无法自己设置，如图 7.38 所示。

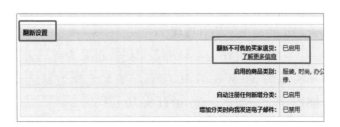

图 7.38　翻新设置

（4）不可售商品自动移出设置。

此功能默认为禁用。如果开启这个功能，可以使商品在亚马逊收取长期仓储费之前，自动将不可售的商品进行移除，防止这些产品被征收长期仓储费，如图 7.39 所示。

图 7.39　不可售商品移除设置

（5）自动长期存储删除设置。

此功能跟不可售商品自动移除类似，将所有的即将收取长期仓储费的产品，在收取长期仓储费之前进行移除，如图 7.40 所示。

图 7.40　自动长期储存删除设置

（6）允许亚马逊购买我的库存。

该功能默认"已启用"状态，卖家可以设置关闭。如果开启了该功能，则允许亚马逊购买卖家的 FBA 商品，并允许亚马逊将商品销往亚马逊的其他站点。亚马逊会从卖家的店铺当中购买产品并配送给其他站点的买家，如图 7.41 所示。

图 7.41　允许亚马逊购买我的库存

（7）亚马逊物流商品条形码首选项。

如果是新手，一定要设置为亚马逊条形码。设置为亚马逊条形码后产品的 FNSKU 码开头记为 X0 开头的 10 位码。如果选择为制造商条形码，则 FNSKU 码跟 ASIN 码是一致的，为 B0 开头 10 位码。

（8）订阅设置。

此处用来管理"订省购"，"订省购"是亚马逊的官方服务，订阅"订省购"的买家可以享受 5%~20% 的折扣及免费配送服务。此部分流量很可观，所以对卖家参加"订省购"是有一定要求的，需要卖家综合评分在 4.7 分以上并使用 FBA 仓储服务三个月以上。

（9）多渠道配送设置。

当卖家除了亚马逊平台外，还有其他渠道销售产品，可以利用亚马逊 FBA 仓库发货。此处填写相关信息，如图 7.42、图 7.43 所示。

图 7.42　多渠道配送设置

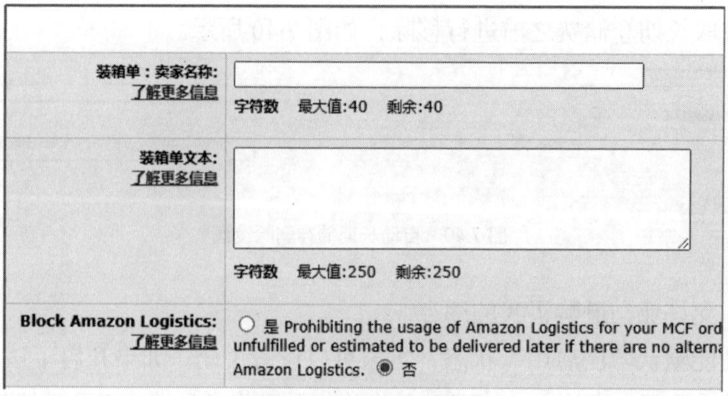

图 7.43·装箱单信息

（10）亚马逊物流捐赠计划。

参与亚马逊物流捐赠计划后，卖家可以自动将不想要的库存捐赠给选定的美国慈善机构。当卖家请求弃置美国运营中心内符合条件的积压库存、退还库存或其他不想要的亚马逊物流库存时，亚马逊会将其捐赠给选定的美国慈善机构。卖家需要支付常规的弃置费用。

第8章 如何使用亚马逊的基本运营技术

亚马逊以选品为王，但是亚马逊的运营技术也不可缺少，无论是对亚马逊运营思路的整体把握，还是运营细节的具体操作都很重要。本章针对亚马逊运营的具体细节，摘取了一部分常用的基本技术为大家进行讲解。

8.1 Listing运营技巧

一个产品具备多个SKU，我们称为亚马逊变体。这种商品的展示形式可以自行选择尺寸、颜色和规格，当买家选择不同颜色、尺码或者规格时，商品的图片会随之变化，选择不同的商品时，价格库存等都将随之变化。

8.1.1 变体的合并

我们可以使用亚马逊变体合并的方法，将多个产品合并到一个父体下，这样每个变体的Listing的评价、Q&A都可以累积叠加到一起，如图8.1所示。

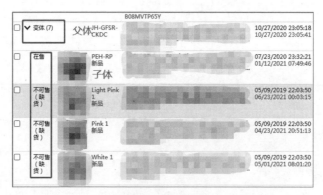

图8.1 变体示意

合并时，可以把一个没有父体的产品合并到一个父体中，也可以把几个没有父体的产品合并在一起。首先我们单击一个父体的"编辑"按钮，然后单击"变体"选项卡，并单击"添加变体"按钮，如图8.2所示。

图 8.2 添加变体

在出现变体的位置填入变体原来的 SKU 码、ASIN 码，商品编码类型选择 ASIN 码，填写原来的 ASIN 码，填完成后单击"保持并完成"按钮即可。半个小时以后，产品便合并到了一起。

注意，如果是两个单独的产品要合并成一个父体，首先要重新上传一个父体 Listing，再把两个产品合并进去。

8.1.2 变体的拆分

变体拆分时，仅仅需要删除变体的父体即可，单击后台中的"库存"选项卡选择"库存管理"选项，单击要删除的父体，并单击"删除商品和报价"命令即可。半个小时后后台就会显示这些变体都变成了独立的子体，如图 8.3、图 8.4 所示。

图 8.3 后台位置示意

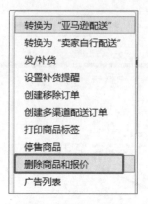

图 8.4 删除商品和报价

8.1.3 产品的下架

卖家可以在商品被购买之前的任何时候关闭商品。此操作不会从你的库存中删除记录，该商品的 SKU 和所有商品信息将保留。此外，商品可以在任何时间重新上架。关闭商品不会产生任何费用。单击后台中的"库存"选项卡选择"库存管理"选项，单击要下架的父体，并单击"停售产品"命令即可，如图 8.5 所示。

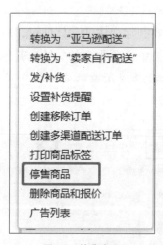

图 8.5 停售商品

8.1.4 产品的删除

对于因种种情况而不再进行操作的产品，可以选择删除产品。例如，某个子体差评太多，先从父体中拆分出来，然后选择停售，最后选择删除。单击后台中的"库存"选项卡选择"库存管理"选项，单击要删除的子体，并单击"删除商品和报价"命令即可，半个小时后后台就会显示这些子体被删除。当你删除商品时，SKU 和所有销售历史记录及商品信息都会从卖家账户中永久删除。因此，将来不再销售某款商品时才能删除 SKU 及其商品信息。

8.1.5 变体在运营中的作用

如果卖家 Listing 断货了或者被审核了，流量很少，很难将其排名推上去，就可以重新建立一个 Listing，然后合并在一起做一个变体，把之前的变体库存调零，然后按照新品来推，由于已经积累了 Review 和 Q&A，很容易就能做上去，但是两个 Listing 是同类产品，否则会因为评论不匹配，造成无法达到预期增加流量，每个变体都有流量进来，同时多变体可以让消费者有更多的选择，在一定程度上可以吸引到不同的消费者，变体也可以增加消费者在产品页面的停留时间，增加购买概率。在亚马逊上，有变体的产品属性一般比没变体的多，在一定程度上会增加产品的曝光率，从而会使 Listing 的排名增加。

亚马逊使用 A9 算法，如果你的 Listing 上有 5 个变体，当消费者在搜索此类产品时，由于你的 Listing 的信息量大，亚马逊会优先把你的产品呈现在消费者面前，信息量大的 Listing 会排在信息量小的 Listing 前面。

8.1.6 变体运营中的注意事项

当卖家错误使用变体规则时，亚马逊会采取警告手段，自动纠正违规 Listing，但有时亚马逊会跳过警告这一步，直接封锁 Listing。

如果卖家继续滥用变体，亚马逊可能会暂停卖家账户，但卖家可以提出申诉，如果申诉不通过，那么账户可能会被永久关闭。所以，卖家不能忽视亚马逊的政策警告，避免 Listing 被封锁或账号被暂停。

以下会提到的一些滥用变体的行为，卖家在运营中都需要多注意，避免因为对变体使用的不了解，造成变体违规的发生。

- 将完全无关的产品合并到一起。
- 将一个销量不错的变体合并其他产品，来带动动销。
- 绑僵尸链接，比如此链接中有评论，想利用这些评论、词链接和原有的 Listing 合并。
- 将新的升级版产品绑到旧版产品的变体组中，蹭评论。

- 直接将子 ASIN 中的产品信息或者图片换成其他产品或者需要更新的产品。
- 创建多子体上 Review 后合并。

8.2 Ratings优化

"Ratings"改版前叫"Review",其重要性是不言而喻的,好的 Ratings 可以给潜在的顾客以购买的信心,提高转化率,同时可以直接拉升 Listing 的排名,进而带来更多的曝光量和流量,产生更多的订单。所以,对于任何一个卖家来说,一定要重视自己 Listing 的 Ratings 数量和星级,这是打造爆款的一个重要参考数据。

8.2.1 Ratings的作用

1. 辅助选品

卖家可以通过 Ratings 数量来评估销量,从而为选品提供参考。也可以根据 Ratings 数量来评估竞争对手的销量,Ratings 越多,销量相对就多;Ratings 少,销量相对就小。因为亚马逊不显示产品的销量,因此 Ratings 数量的多少可以间接反映产品的销量。通过产品 Listing 的 Ratings 数量判断竞争对手的销量,了解客户对产品最关心的地方,发掘出产品本身的品质状况以及客户诉求。也可以分析竞品 Ratings 中的差评,可以发现该产品的品质问题、设计缺陷,便于自己在产品研发和选品中避免同类问题出现。

2. 提高流量

产品的 Ratings 越多、Ratings 星级越高,系统就会认定产品越好,从而提升 Listing 的排名,为产品增加更多的曝光量。

3. 提高销量

Ratings 最核心的作用就是提升销量,因为 Ratings 是其他消费者对产品的评价,比 Listing 的描述更有信服力,给潜在购买者信心,打消他们的疑虑,最终提升销量。因为跟我们国内买东西一样,一个没有评价的产品,消费者是不敢买的,我们要给消费者一个购买的理由。

8.2.2 什么是催评

客户收货之日算起 5~30 天内,卖家可以通过后台向买家发送催评邮件。通过每个订单自动给客户发一封邮件,建立一个和客户沟通的渠道,通过客户的邮件回复，解决有可能出现的产品问题，在客户留差评之前，提前化解客户抱怨。邮件索评有一定好处，比如这样留的评价都是真实的，不会在亚马逊系统"抽风"删评的时候被删掉，也省掉了一部分刷评、测评的费用。如果产品质量过关，你会发现产品的 Ratings 增长速度非常快，很快就能拉开与对手的差距。

8.2.3 如何催评

进入卖家账号后台，单击"订单"选项卡选择"订单管理"命令，如图 8.6 所示。

图 8.6　管理订单

筛选订单日期范围为 30 天，选择一个订单，单击订单编号，如图 8.7 所示。

图 8.7　订单详情

单击"请求评论"按钮进入请求评论页面，并单击"是"按钮，亚马逊会自动给买家发邮件，如图 8.8、图 8.9 所示。

图 8.8　请求评论

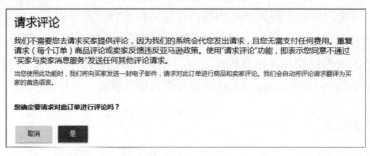

图 8.9　评论详情

8.2.4　催评的风险

每个人对商品的体验都有所不同，买家留好评还是差评就不一定了。就像在网上买东西，对一些觉得不太满意，退货又觉得麻烦的商品，就这样算了，很多人都是不会专门去评论的。而如果这个时候收到了卖家的催评电话或短信，可能反而会去给个差评，或者说吐槽一下商品的不好。邮件索评也是一样，可能招致反面效果。有卖家催评就遇到了很好的买家，还额外帮卖家宣传，而有的卖家就没有那么幸运了。

给买家发邮件催评，还有可能招致退款，可能是卖家发邮件的时间不恰当，可能买家根本就还没有收到商品。买家一看商品都没收到，卖家就在催评，可能会觉得反感，就直接点退货了。

8.2.5　催评的注意事项

发邮件时间要选好，要确保卖家已收到货，并且不要给近期才购买的买家发邮件，可适当向购买商品时间较久的买家索评，不那么容易引起退货。

8.2.6　如何删除差评

1. 买家自主删除

最好的结果就是买家自愿修改差评，修改步骤如下。

（1）登录 http//:www.amazon.com/；

（2）点击"Your Account"，选择"Your Orders"；

（3）选择订单日期，点击"GO"；

（4）找到你的订单位置，点击"View Order Details"；

（5）页面拉到 Your Seller Feedback，点击"Remove"；

（6）选择移除评价的原因，点击"Remove Feedback"，申请亚马逊删除。

2. 后台申请 case

联系差评团队，并说明申请删除该差评的原因，用英文书写，通过率不高。

3. 找服务商删除

联系靠谱的服务商去删除差评，删除一条差评的价格在 700 元左右，或者可以做首页无差评，价格在 50 元左右。

4. 直接联系差评买家

2021 年亚马逊新出的规定，允许卖家联系差评买家。单击卖家后台"品牌"选项卡中"买家评论"选项，在差评的最后边多了一个"联系买家"的按钮，如图 8.10 所示。

图 8.10　买家评论

单击"联系买家"按钮后，将跳转至一个页面，这个时候亚马逊允许卖家可以有两个选择，一个是全额退款或换货，另一个是联系留评的买家，根据他的评论内容，向其澄清所有商品问题，如图 8.11 所示。

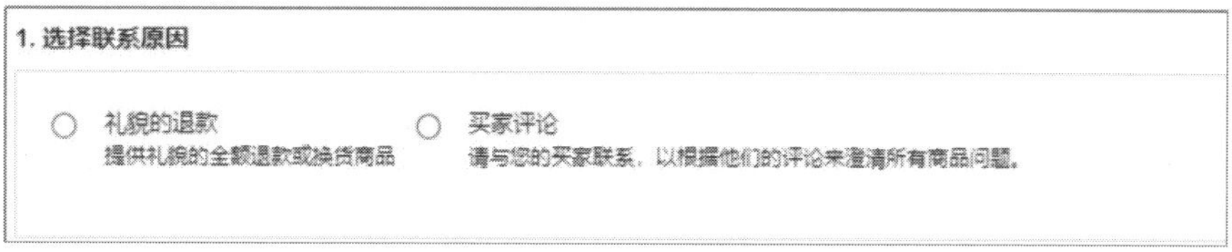

图 8.11　选择联系原因

此外还需要注意的是，必须是品牌备案后才有该功能，且产品评论等级必须是四星以下，同时产品的差评是参加 Vine 获得的无法用此功能。另外买家是从跟卖（亚马逊二手跟卖也算）购买的，也不能操作。目前只有美国站有此新功能。

8.3 Q&A优化

Q&A优化是亚马逊运营当中不可缺少的环节。本小节，旨在让卖家朋友初步了解什么是Q&A，Q&A的功能是什么，以及Q&A优化的要点和禁忌。

8.3.1 什么是Q&A

类似淘宝的"问大家"，任何人都可以对产品进行Q&A提问，购买过产品的进行回答，或者是卖家自己进行回答，为用户提供一个了解产品特性、功能、质量品质等问题的区域。因为Q&A回答也可能是买家回答，因此卖家要时刻关注自己的邮箱，争取在第一时间内对买家提出的Q&A进行回答和解释。

8.3.2 Q&A功能

Q&A具备收录关键词的功能，无论是Q&A里的问题还是回答里面的关键词，都有可能被亚马逊系统引擎抓取到，因此Q&A是除了标题、五行特效、产品描述、后台关键词外，另外一个可以被亚马逊抓取关键词的地方。因此在实战中，运营人员可以通过控制Q&A的方式来进行关键词的埋词。甚至可以在这个地方用一些违禁词，如其他品牌的关键词。

通过浏览竞争对手的差评以及竞争对手的Q&A，找到产品的痛点，并用Q&A的方式在自己的产品Lising里解决该痛点，可以一定程度提高产品转化率，因此Q&A也具备提高转化率的功能。

8.3.3 Q&A里的禁止信息

- 垃圾信息，包括广告、竞赛、其他公司的网站推荐信息等；
- 为推销产品的重复性信息；
- 不能很好解决买家疑惑，反而是困扰买家的信息；
- 鼓动买家去做非法、危险行为的信息；
- 侵犯他人隐私的信息；
- 诋毁和攻击他人的信息。

8.3.4 Q&A的优化要点

1. 挖掘Q&A痛点

Q&A能不能起到提高转化率的作用，主要看能不能挖准买家的痛点。因此在撰写 Q&A 之前，一定要仔细研究竞争对手的差评及竞争对手的 Q&A 情况。例如，消费者对某款产品最关心的是静音防噪功能。那么我们便可在 Q&A 中将静音防噪功能的疑问提出来，并在 Q&A 的回答当中，对此疑问进行非常有利的解答。

2. 埋关键词

利用好 Q&A 的埋词功能，可以增加我们产品的流量入口，提高产品的流量，甚至对某些关键词的排名有着一定程度的提升作用。

3. Q&A 排序

卖家可以通过自己控制的买家账号或者是服务商来对我们的 Q&A 进行上升和下降的操作。点赞越多，排名越靠前；点"NO"越多，排名越下降。所以卖家可以控制 Q&A，使好的 Q&A 排在前面，使对我们产品不利的 Q&A 排在后面，并被折叠起来，如图 8.12 所示。

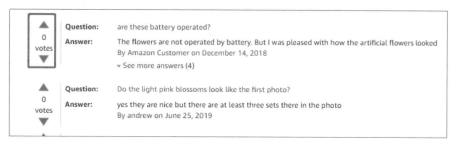

图 8.12　Q&A 排序

8.4　常见的认证与审核

1. 品牌审核

做亚马逊注册品牌和申请品牌备案是不可少的，品牌备案后可以上传 A+，UPC 豁免，提高品牌可信度，还可以利用品牌分析工具等，同时亚马逊对品牌备案的卖家有一定的扶持。目前 TM 标和 R 标都可以进行品牌备案。审核周期一般是 48 小时。

2. 危险品审核

危险品团队会审核每个已转换为亚马逊配送的 ASIN（如果商品被认定为潜在危险品）。此类审核有助于确保货件符合法规要求，以及针对买家和亚马逊员工制定的安全标准。亚马逊主要通过目录信息来识别潜在危险品。当卖家创建商品或将其转换为亚马逊物流商品时，必须提供完整且准确的信息。这里包括详细的商品描述、要点，以及照片、图片或这两者的组合。

3. 分类审核

为了让用户买到放心的产品，亚马逊要确保高质量的商品体验。所以，亚马逊不仅对现有卖家进行严密的监控以确保高质量的商品体验，对新卖家所上传的产品也进行严格的审核，防止出现市场担忧的产品安全、产品质量、品牌或者进出口限制等问题。对于一些类目，必须经过亚马逊官方审核之后才能具有销售权限，这就是分类审核。（具体分类，详见附录6。）

4. 品类安全审核

亚马逊对卖家的资质、商品的质量一向都是严格审核的，特别是一些关乎消费者安全的问题，对于某些涉及特定风险的产品品类，亚马逊仅允许优质卖家（通过品类安全审核筛选的卖家）进行销售。

5. FDA 认证

FDA 即美国食品和药物监督管理局（Food and Drug Administration），FDA 的职责是确保美国本土生产或进口的食品、化妆品、药物、生物制剂、医疗设备和放射产品的安全。如果卖家计划选择销售食品、药品、化妆品、医疗用品，要先了解供应商是否有 FDA 认证。

6. CE 认证

"CE"标志是一种安全认证标志。在欧盟市场"CE"标志属强制性认证标志，不论是欧盟内部企业生产的产品，还是其他国家生产的产品，要想在欧盟市场上自由流通，就必须加贴"CE"标志，以表明产品符合欧盟《技术协调与标准化新方法》指令的基本要求。这是欧盟法律对产品提出的一种强制性要求。贴有"CE"标志的产品就可以在欧盟成员国内销售，无须符合每个成员国的要求。

需要该认证的类目：通信设备、电气产品、个人防护用品、玩具等。在欧洲的进口中，针对儿童用品的查验也越来越严格。

7. CPC 认证

儿童产品证书（Children's Product Certificate，CPC）的发证机构专门负责检测儿童产品的安全性。但凡在亚马逊美国站售卖的儿童玩具和儿童产品都必须提供儿童产品证书。CPC 认证适用于所有以 12 岁及以下儿童为主要目标使用对象的产品，如玩具、摇篮、儿童服装等。在美国本地生产则由制造商负责提供，在其他国家生产则由进口商负责提供。要把中国工厂生产的产品卖到美国，需要向亚马逊提供 CPC 证书。

8. FCC 认证

美国联邦通信委员会（Federal Communications Commission，FCC）专门负责确保与生命财产有关的无线电和电线通信产品的安全性。该认证主要针对计算机、计算机配件、传真机、电子装置、无线电接收和传输设备、无线电遥控玩具、电话以及其他可能伤害人身安全的产品。

如下产品如果出口美国，都需要有 FCC 认证。

（1）个人计算机及周边设备；

（2）家用电器设备，电动工具；

（3）音频产品，视频产品（收音机、电视机、家庭音箱等）；

（4）灯具（LED 灯具、LED 屏、舞台灯等）；

（5）无线产品（蓝牙、无线遥控玩具、无线开关等）；

（6）玩具类产品；

（7）安防产品（警报器、安防产品、门禁、监视器、摄像头等）。

9. UL 认证

美国保险商试验所（Underwriter Laboratories Inc., UL）是美国最有权威的，也是世界上从事安全试验和鉴定的较大的民间机构，专门确定各种材料、装置、产品、设备、建筑等对生命、财产有无危害和危害的程度。该认证主要检测充电器、移动电源、手机电池、灯具、家用电器、电动工具等的安全性。

10. DOT 认证

美国交通部（US Department of Transportation，DOT）专门负责检测进入美国的各种交通工具及零部件的安全性，该证书主要证明汽配类产品的安全性。根据 DOT 要求，出口美国的交通车辆（轿车、卡车、拖车、巴士、摩托车等）及其零部件（制动软管、制动液、灯具、轮胎、安全带、座椅、头盔、三角警告牌等）必须到美国交通部进行注册审核，方可进入其市场。

11. PSE 认证

PSE 认证是日本针对电气用品的一个强制性安全认证，是日本电气用品的强制性市场准入制度。根据产品不同，PSE 认证又分为"特定电气用品"和"非特定电气用品"，前者铭牌贴菱形 PSE 标志，后者铭牌贴圆形 PSE 标志。

日本的 DENTORL 法（电器装置和材料控制法）规定，498 种产品进入日本市场必须通过安全认证。其中，165 种 A 类产品应取得菱形的 PSE 标志，333 种 B 类产品应取得圆形 PSE 标志。

8.5 Feedback优化

1. Feedback 与 Ratings 的区别

亚马逊有两套评价系统，除了 Review 之外，还有 Feedback，是买家对购买的产品服务做出的评价，也就是必须购买了商品才能参与 Feedback 评价。在产品品质、服务水平以及发货时效与货品描述一致性等方面，相比 Ratings 来讲，Feedback 评价的内容要多几个维度。Feedback 的分数高低直接影响着卖家账号权重及店铺 ODR 指标的变化。

Ratings 是针对产品本身的评价，而 Feedback 则是针对整个购买体验的反馈。与 Ratings 相比，Feedback 涵盖的范围更广。除了产品，买家还可以表达对物流和卖家服务态度的反馈。

2. 如何优化 Feedback

如果产品发了 FBA，Feedback 的关于物流的差评由亚马逊负责，可以直接在后台删除。首先在后台单击"绩效"选项卡，选择"反馈"选项进入反馈管理器，对 Feedback 进行删除操作，单击图中所示部分，选择删除即可，如图 8.13 所示。

图 8.13　Feedback 删除操作

有部分的 Feedback 用这种方法是删除不了的，针对删除不了的 Feedback，可以在后台开 case，说明该评论不符合 Feedback 评论规则，那么有很大可能性这条 Feedback 也会被删除。

第9章 亚马逊独特"跟卖"规则

跟卖是亚马逊独特的规则，只有了解亚马逊的跟卖规则，才能在未来的运营当中做到进退自如。本章为卖家朋友详细阐述什么是跟卖，跟卖有什么好处，以及遇到跟卖该怎么处理。希望对卖家朋友有所帮助。

9.1 什么是跟卖

在亚马逊的规定中，产品的 Listing 是属于亚马逊而不是属于卖家的，因此不同卖家可以针对同一个 Listing 的详情页面去卖产品。例如，王某在亚马逊上建立了一个产品 Listng，李某看到王某卖得不错，于是也跟买了这个产品。所以就出现了两个商家共用一个产品链接的情况。

跟卖的所有卖家共享产品的图片、标题、五行特性，也共享这个链接的所有流量和曝光。但是跟卖者只能调整价格、库存、产品新旧情况。在亚马逊如果一个 Listing 有多个跟卖的情况下，拥有 Buy Box，即购物车的卖家成交更多。

9.2 跟卖的好处

1. 对新手卖家的好处

因为跟卖不需要写标题、做图片、撰写五行特性。对于前期资金困难的新手卖家来说，可以节省很多的成本，同时减少入手亚马逊的难度。对于技术还不是很扎实的新手卖家来说，操作比较简单，上下架很方便，可以随时调整。

因为新手前期没有什么推广费用，而做跟卖不需要推广费用，直接去蹭老链接的流量。对于新手卖家来说是快速出单、快速见效果的方法。同时可以快速获得流量，当一个新店没有流量的时候，可以较低的价格去跟卖对手的产品，当因此有了一定的销量且你的销量超过竞争对手时，你就可以抢到购物车。有了购物车那么订单就会源源不断地进来。

2. 对买家的好处

因为跟卖的制度导致卖家们会打价格战，以更低的价格去获取购物车，就促使买家可以以更低的价格买到自己心仪的产品。

3. 对亚马逊官方的好处

跟卖是亚马逊推出的促使卖家进行良性竞争的一种制度。该制度可以让买家在搜索产品的时候节省挑选时间，提升买家的购物体验。

9.3 被跟卖的后果

作为一个亚马逊卖家，最讨厌的就是被竞争对手跟卖，一旦被竞争对手跟卖，会产生各种各样的后果。本小节，对各种不良后果进行解释，希望对卖家朋友们有所帮助。

9.3.1 购物车被抢

对于亚马逊卖家来说，购物车非常重要。大部分的消费者的下单都是通过购物车完成的。如果你的产品被跟卖，那么 Listing 的购物车就不是你独自拥有了。系统会根据每个卖家的表现，特别是价格来分配购物车。如果产品的购物车被竞争对手抢走，并且占有更多的时间段，那么原来卖家的销量必然减少。

9.3.2 编辑权被抢

除了购物车被抢以外，更严重的是 Listing 的编辑权被抢，这会使卖家失去对该条 Listing 的控制权。一旦跟卖者的产品销量比原有链接的卖家更多，那么产品的编辑权很有可能被跟卖者抢走。特别是在恶意跟买的情况下，很可能该对手会将 Listing 篡改成完全不同的产品，造成买家大量投诉，从而影响 Listing 创建者的正常运营。

9.3.3 影响参加活动

亚马逊官方活动对产品的价格有要求的，一旦产品被跟卖，且价格低于参加活动时的系统要求，那么这条 Listing 的创作者就有可能参加不了活动。这样会破坏卖家原有的运营计划，影响店铺的正常运营和产品的正常推广。

9.3.4 形成价格战

一个爆款产品的打造，需要卖家用心地写好产品的标题，用心制作精良的主图，在前期卖家花费了大量的精力和资金。而跟卖者不需要这些投入，并且跟卖者很多都是亚马逊新手，其获利性很强，往往会以较低的价格进行销售。而对于创建该条Listing的卖家来说，跟进降价会降低利润，延长回本周期，同时降价又会引起跟卖者的继续降价，最终在价格战当中出现惨烈厮杀。而Listing的创建者，在前期投入了大量的成本，后期会造成非常大的亏损。如果Listing的创建卖家选择不降价，那么会造成购物车被抢导致销量减少，甚至可能造成Listing的编辑权被抢的情况。

9.3.5 货不对版

在跟卖者造成的后果当中，最令卖家反感的就是跟卖者用假冒伪劣产品去跟卖Listing，从而造成该Listing获得大量的差评。在亚马逊的规则当中，无论是原卖家还是跟卖者产生的产品的评价，都是在该条Listing下。差评是对一个产品来说是致命的打击，甚至可能造成该产品的销量直接归零。

9.4 跟卖的基本流程

首先进入卖家后台，单击"库存"选项卡，进入"要开始添加商品"页面，在搜索框内选择你看好并且要跟卖的产品的ASIN码，如图9.1所示。

图9.1 要开始添加商品

单击"搜索"按钮之后，就会显示出该商品，选择跟卖产品的新旧情况，单击"销售此产品"按钮，如图9.2所示。

图 9.2 销售此产品

在出现的页面当中,"卖家 SKU"卖家可以自己编写,方便自己管理,"您的价格"写卖家期望卖出的售价,"数量"填写卖家的产品库存数量。如果卖家要发 FBA 此位置可以填"0"。如果是采用自发货模式,选择"我将自行配送此商品",如果要发 FBA 仓,则选择"亚马逊将会配送并提供客户服务"。最后,单击"保存并完成"按钮,如图 9.3 所示。

图 9.3 保存并完成

9.5 如何赶走跟卖

既然跟卖的影响非常大,那么当卖家朋友的产品一旦遇到跟卖之后,我们一定要想方设法地赶走跟卖,降低对我们产品产生的影响。本小节,针对赶走跟卖介绍了六种方法,希望对卖家朋友们有所帮助。

9.5.1 品牌备案

一个产品如果没有商标便得不到亚马逊平台的保护,会给跟卖者留下可乘之机,从长远角度来看,如果卖家想长久稳定地运营,减少后期运营当中的不稳定因素,最好在运营前期就注册属于自己的商标。

商标具有排他性和地域性,在亚马逊哪个站点销售,就要在该国家注册当地的商标。比如,你做美国站就要注册美国的商标,做加拿大站就要注册加拿大的商标。另外商标是有具体品类的,注册商标的时一定选对品类,防止后期商标跟自己销售的品类不同而出现问题。

像我们国内的电商平台,产品的载体是店铺,而亚马逊产品的载体是品牌,因此我们在商标的取名方面要格外慎重。第一,要考虑到销售产品的品类特点、销售国的文化以及销售国消费者的购物习惯。第二,要考虑商标的可读性、易记性,最好能让消费者一看就能记住,同时还能朗朗上口。这样在后期的品牌传播中有着非常大的帮助。

商标申请下来之后就要进行品牌备案,现在亚马逊 TM 标跟 R 标都可以备案。TM 标是指在开始注册商标的时候,大概 7 个工作日内,会下来一个受理回执,这个回执就是 TM 标。等 8 到 12 个月,如果注册过程中没有出现问题,批准下来的才是 R 标。备案后的 TM 商标有权限限制,品牌保护功能不完全,像"品牌旗舰店""侵权投诉"功能就没有,只能进行一些基础正常操作,如 GCID 豁免、A+ 页面,如图 9.4 所示。

品牌商权益	销售工具	待处理商标	R标
品牌打造	品牌旗舰店	√	√
	A+页面	√	√
	视频广告	√	√
	品牌推广	√	√
	展示型推广	√	√
品牌分析	亚马逊品牌分析报告	√	√
	品牌控制面板	√	√
	Amazon Attribution	√	√
品牌保护	自动品牌保护		√
	举报侵权行为	(仅可举报版权侵权和专利侵权,暂不可以举报商标侵权)	√
	Transparency 透明计划		√
	Project Zero		√

图 9.4 权限对比

品牌备案可以有效地抑制跟卖现象。当跟卖发生时,如果是 R 标备案,可以通过亚马逊后台将跟卖者直接赶走。

另外在进行商标注册的时候,建议大家选择专业、可靠的商标的服务商去注册商标。有些卖家会选择自行注册或者选择亚马逊其他已经备过案的卖家进行品牌授权。其中自行注册流程不熟，很容易因为各种原因造成商标异议从而被驳回，浪费了大量的精力与资金。因此建议大家还是找专业的服务商去申请商标。如果卖家选择其他品牌授权，很可能当对方品牌过期以后，你再联系对方已经找不到了，甚至可能因为该卖家店铺违规被封，造成品牌连坐，你的店铺也被封。

注册商标时，卖家要了解现在国家对于中国大陆居民申请国外品牌的补贴政策。例如，申请一个海外商标在深圳最高可得1万元的商标补贴。也就是说你注册商标的钱，国家帮你出了。那么卖家朋友们还在等什么，不要因为有资金问题而不去注册商标。

9.5.2 后台投诉

在亚马逊后台从以下链接直接进入举报投诉页面，对跟卖者进行投诉，前提是已经注册了当地国的商标，并在亚马逊上备案成功，如图9.5所示。

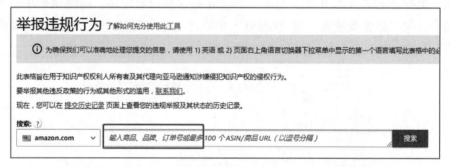

图9.5 举报违规行为

9.5.3 警告信

直接联络卖家，先和卖家沟通，发警告信。首先找到跟卖者的店铺，可以从一些有跟卖监控的软件直接查看，也可以从他跟卖我们的产品页面，找到跟卖产品的"sold by xx"，xx为该店铺的店铺名，进入的界面有可能会有对手的联系方式，如图9.6所示。

如果该页面没有，则可通过"Ask a question"给卖家发送邮件，如图9.7所示。

图 9.6 位置示意图

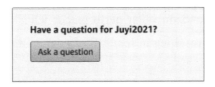

图 9.7 Ask a question（问个问题）

警告信模板如下。

Dear"卖家"：

It has come to our attention that "跟卖者店铺名" is using the "自己的品牌名" trademark without license or prior written authorization from "自己的品牌名".

"自己的品牌名" holds federal trademark registrations in the United States. So "跟卖者店铺名" listings violate "自己的品牌名" trademark and intellectual property rights. You are also in breach of Amazon's Participation Agreement.

Therefore, we demand that you immediately remove all listings on Amazon.com in which "跟卖者店铺名" utilizes our trademarks and images protected by copyright.

"跟卖者店铺名" currently has at least one listing on Amazon.com for products that utilize "自己的品牌名's" trademarks and/or copyrights without authorization. See the following ASIN:（写自己的 ASIN）.

"自己的品牌名" is the only entity authorized to provide authorization to sell its products on Amazon.com. Your listing constitutes a violation of "自己的品牌名's" trademark rights, copyrights, and Amazon's Participation Agreement.

"跟卖者店铺名"'s infringing listings must be removed immediately to prevent damage to "自己的品牌名" brand and lost sales.

While "自己的品牌名" has many options available under this state. But we would prefer to resolve this matter amicably. Please confirm to us in writing within 24 hours, that you have: Removed all of "自己的品牌名's" trademarks and copyright material from your Amazon.com listings and any other website or public display you operate.

Removed all of "自己的品牌名's" listings of products it claims to be associated with "自己的品牌名's", including but not limited to the ASINs listed above.

Failure to take action within 24 hours will force us to report this serious violation to the Amazon seller performance team. This is licensed products to Amazon.com as well, Amazon seller performance team will take such violations very seriously, possibly resulting in removal of your selling privileges on Amazon.com.

Thank you for your attention to this matter. Please contact us if you have any questions.Legal on behalf of "自己的品牌名".

9.5.4　下测试订单

用买家小号购买跟卖自己产品的商品，如果他们卖假货、实物与网店描述不一致，就进行投诉。最好是记录下对方商品所有的细节，包括颜色、尺寸、重量、包装等，之后在向亚马逊申诉时能更有效的沟通。

9.5.5　以权利人的身份投诉

通过亚马逊网址前台，以权利人的身份去投诉跟卖者，信息要填全，用以提高成功率。

9.5.6　找服务商赶走跟卖

可以找靠谱有实力的服务商，对产品的跟卖者进行赶跟卖操作。一般收费是500元左右。

9.6　如何预防跟卖

出现跟卖的根本原因是，其他的跟卖者可以在市场上拿到一模一样的货。如果你的商品是独一无二的，别的卖家在市场上根本找不到这个产品，他们也就失去了跟卖的土壤。所以如果卖家具备研发能力，可以自主研发产品，或者通过跟供应商进行深度合作,进行独家承销、制作私模来形成产品护城河。

也可以通过其他方式来建立门槛,使跟卖者的跟卖难度加大。例如,把商标印在商品上,制作独立的包装,并在包装上印上自己的Logo,同时把包装图添加在产品的图片当中。另外有一个非常好的办法是为产品加送配件或是加送独特的赠品,用赠品和配件的差异化来避免跟卖。

9.7 品牌备案流程

1. 进亚马逊后台单击"广告"选项卡中的"A+页面"选项,进入注册品牌页面,并单击"注册您的品牌"按钮,如图9.8、图9.9所示。

图9.8　A+页面 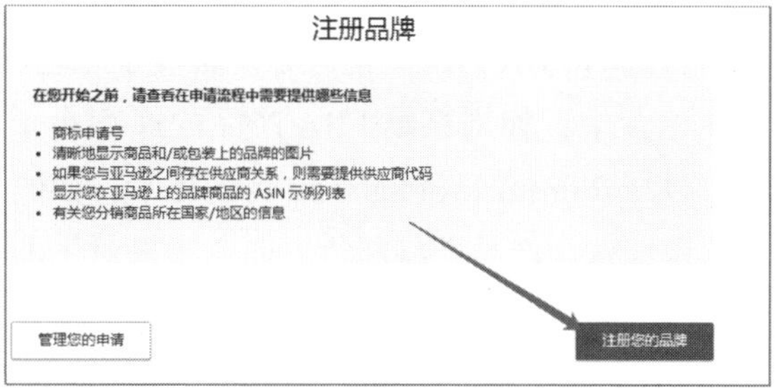　　　　　图9.9　注册您的品牌

2. 根据注册的品牌信息填写品牌名称,注意品牌名称英文字母的大小写。填写注册品牌的序列号及注册地,如图9.10所示。

图9.10　品牌信息

3. 至少提供一张可清楚显示永久贴在商品上的品牌名称、徽标或其他识别标记的商品或包装的图片。图片应显示目前正在亚马逊上销售或打算在亚马逊

上销售的商品，且不能为 PS 的，并按照实际情况填写后续问题。

4.填写完成并提交后，亚马逊会发送一个验证码到申请商标的邮箱中，找到给你做服务的商标服务商，让其将验证码给你。最后把验证代码按照审核邮件发来的地址回复过去。进行到这里，品牌备案的工作就彻底结束了。

9.8 自我跟卖的用法

在实际运营当中，除了跟卖竞争对手以外，我们还可以跟卖自己达到我们的运营目的。产品断货对产品的排名有非常大的影响，一旦产品断货，排名会断崖式下降，因此卖家要规避产品断货的情况。所以当产品断货同时补货又来不及时，我们可以用自己跟卖自己的方式稳定住自己的排名。可以用自发货模式跟卖自己的 FBA 产品，能在一定程度上稳住排名。

在运营中，如果某款 FBA 产品的库存小于 20 件时，亚马逊前台会显示"Only XX left in stock-order soon."的提示，如图 9.11 所示。

这说明这个产品即将断货，而亚马逊对于即将断货的产品有一定程度的流量倾斜，同时买家看到库存数量即将断货的提示也会提高购买欲望。因此我们可以用 FBA 跟卖这个产品，这样可以把每次卖断货只会出现一次的断货权重倾斜，人为地变成多次断货权重倾斜，从而使这个产品获得更多的流量和曝光的机会。

图 9.11 Only XX left in stock-order soon（库存只剩下 XX. 马上补充）

第10章 亚马逊站内PPC广告玩法

亚马逊除了免费流量以外还有付费流量,说到付费流量就不得不说PPC广告。近几年亚马逊的广告营收已经占到了亚马逊应收占比的50%,是亚马逊利润的一大板块。同时广告也是卖家必备的一种推广工具,是打造爆款的手段之一。目前亚马逊的广告是按照点击收费模式收费。也就是说消费者每点击一次广告位,便要收取卖家相关费用。广告费用根据广告位置、广告类型以及产品类目的不同而变化。

10.1 广告类型

亚马逊广告主要有三大类,分别是商品推广广告、品牌推广广告和展示型推广广告,如图10.1所示。

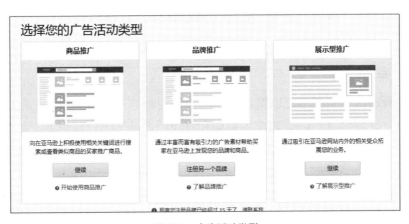

图10.1 广告活动类型

10.2 商品推广

常用的商品推广广告一般是自动广告和手动广告。它们的商品广告展示位一般在搜索结果页面和详情页面的中部，如图10.2、图10.3所示。

图10.2　搜索结果页面

图10.3　详情页面中部

10.2.1　自动广告的设置

1. 自动广告是亚马逊根据系统算法为你的产品进行自动展示，在展示的过程中，会为你的Listing匹配关键词和对应的产品类目。首先单击卖家后台"广告"选项卡中的"广告活动管理"按钮，进入广告选择页面，选择"商品推广"下面的"继续"按钮进入创建广告活动页面，如图10.4所示。

2. 在图10.4中"广告活动名称"下的文本框设置广告的名称，方便管理。例如，"运动鞋GS.自动广告"，其中运动鞋是产品名称，GS是产品SKU码，自动广告说明广告类型。广告开始时间为此广告生效时间，广告结束时间都选择"无结束日期"，如果广告不开了，直接关掉就好，这里时间一定要选择"无结束日期"。每日预算，根据自己的预算情况填写，一般填10~20美元即可，后期可以随时调整。预算充足的情况下，尽量以每日可以满足至少20个点击所需要的花费来预算。定向策略，选择自动广告，如图10.5所示。

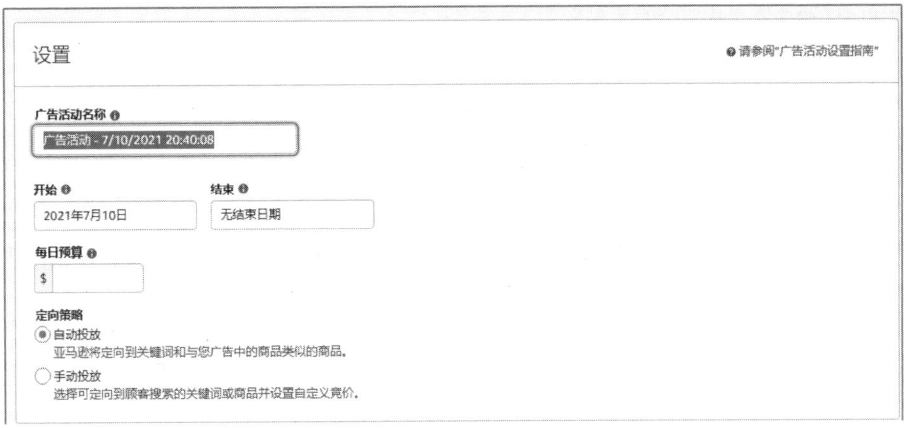

图 10.4　广告活动页面

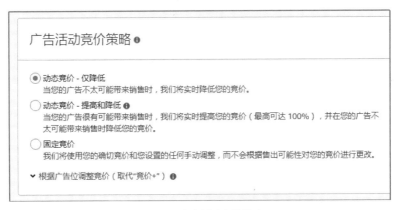

图 10.5　广告活动竞价策略

然后选择广告活动竞价策略，我经常选择"动态竞价 – 仅降低"策略，如图 10.5 所示。

"动态竞价 – 仅降低"指的是当前竞价排名位置出单较少，转化率较低的情况下，亚马逊会自动降低自动广告的出价，降低当前时刻排名，以期达到降低成本，以及调整投产比的目的。

"动态竞价 – 提高和降低"指的是当前竞价排名位置出单较多，转化较高的情况下，亚马逊会自动提升自动广告的出价，提高当前时刻排名，以期达到出更多单，以及调整投产比的目的。而当前竞价排名位置出单较少，转化率较低的情况下，亚马逊会自动降低自动广告的出价，降低当前时刻排名，以期达到降低成本，以及调整投产比的目的。

"固定竞价"指的是卖家出价以后，无论出单情况如何，系统都以卖家设置的出价排名，出价数额不变。

3. 设置广告组名称，在广告的设置当中一共分三个层级，分别是"广告组合""广告活动""广告组"。其中"广告组合"可以包含多个广告活动。是广告过多时，为了方便管理设置的，可以把同类产品放到一个广告组合中，方便管理数据，控制预算。"广告活动"是设置广告的独立单元，可设置预算，其中可以包含多个广告组。"广告组"是广告的最小单元，不能设置预算，如图 10.6 所示。

图 10.6　创建广告组

4. 选择要推广的产品，可直接添加，也可以通过产品的 SKU 码、ASIN 码去搜索产品并添加，如图 10.7 所示。

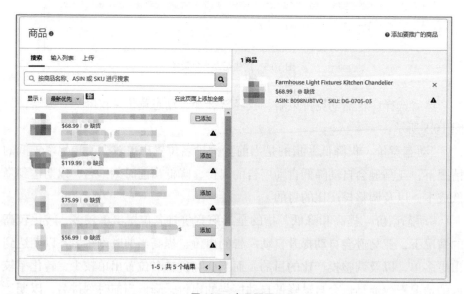

图 10.7　商品页面

5. 自动广告默认竞价这里，选择"按定向组设置竞价"并只选择"紧密匹配"和"宽泛匹配",同时"宽泛匹配"的竞价要比"紧密匹配"低一些,如图 10.8 所示。

图 10.8 自动投放

6. 否定关键词投放、否定商品定向在第一次设置自动广告的时候可以不填,然后直接单击"启动广告活动"按钮即可,如图 10.9、图 10.10 所示。

图 10.9 启动广告活动

图 10.10 广告活动启动成功

7. 如果要暂停该广告,只要点击图 10.10 中的蓝色按钮即可,如图 10.11 所示。

图 10.11 暂停广告活动按钮

10.2.2 自动广告的作用

新手在不了解产品本身需要什么流量的情况下,卖家需要设置自动广告来跑词,来知道哪些词语适合自己的产品。所以,自动广告是检测亚马逊抓取关键词的非常好的办法,除了能给 Listing 带来更多的展示机会外,还可以找出点击率、转化率都比较好的词。通过自动广告的报表,能看到关键词的搜索来源,从而筛选出值得投资的关键字,一般建议一开始就投放自动广告,一是用来检测 Listing 关键词布局有无问题,另外一旦测试出一个数据非常好的词,就可以把这个词拿来做手动广告。

10.2.3 自动广告的匹配类型

1. 匹配(Close Match)

买家使用和你的商品紧密相关的搜索词进行搜索时,亚马逊会向其显示你的广告。关键词紧密相关,也就和手动广告中投放"精准匹配"关键词类似,但这里是自动广告,亚马逊是根据 Listing 的内容来抓取对应的关键词,亚马逊自动广告这儿就需要卖家在撰写 Listing 的时候,尽量设置和自己产品高度匹配的关键词。这个前提是卖家必须对自己的产品非常熟悉,或在前期对产品做了足够的市场研究,创建了自己的关键词词库。

2. 宽泛匹配(Loose Match)

买家使用与你的商品并不密切相关的搜索词进行搜索时,亚马逊会显示的广告。其实这也和手动广告中的"宽泛匹配"关键词投放类似,这种类型可以给新产品带来更多的曝光,亚马逊自动广告可以为后续的数据分析和广告优化提供数据支撑。

3. 关联商品(Complements)

买家查看与你的商品互补的商品详情页面时,亚马逊会向其显示你的广告。不管亚马逊如何变化自己的广告投放形式,卖家需要做的事情还是一样的,一来要不断研究自己的产品和友商的产品,二来就是要站在数据的角度去优化广告投放,这样才能以最少的预算获取最大的销量,而节省下来的广告费用很有可能就会成为你与其他竞争对手较劲的比较优势。

4. 同类商品(Substitutes)

买家查看与你的商品类似的商品详情页面时,亚马逊会向其显示你的广告。这个其实就是我们分析自动广告数据报告时的 ASIN,通过大数据分析,亚马逊自动广告将你的广告会显示在其他拥有同类产品的列表页或详情页中。收集、分析这里面的数据，可以为之后的"手动广告 – 商品投放"提供数据支持。

10.2.4　自动广告的否定关键词

在实际的自动广告跑词当中，一些词的表现非常不好，你可以利用亚马逊的搜索词和关键字报告，来确定哪些是有点击量却没有转化出单的关键词，哪些是有曝光却没有点击量的词，或者你不想买家在搜索某个关键词时看到你的商品，然后将这些词设定为否定关键词。买家搜索到此类否定关键词时，将不会显示相应的广告。否定关键词可以帮助卖家优化广告展示，提高广告展示精准度。

添加否定关键词成功之后，也要定期来检查广告活动、广告组及关键词，以持续完善并改进广告投放绩效。最开始的时候，建议卖家每隔一个星期都下载广告数据报告来分析优化，当广告投放变得越来越优质的时候，可以改成每两个星期，甚至一个月来分析也可。

添加否定关键词的目的就是，让有限的预算花在能产生价值的关键词上，而不是白白浪费掉了。

10.2.5　手动广告的设置

1.亚马逊手动广告是现在亚马逊卖家最常用的广告类别，首先进入亚马逊后台"广告"选项卡并单击"广告活动管理"按钮，进入广告选择页面，选择"商品推广"下面的"继续"按钮进入创建广告活动页面，并选择"手动投放"策略，如图 10.12 所示。

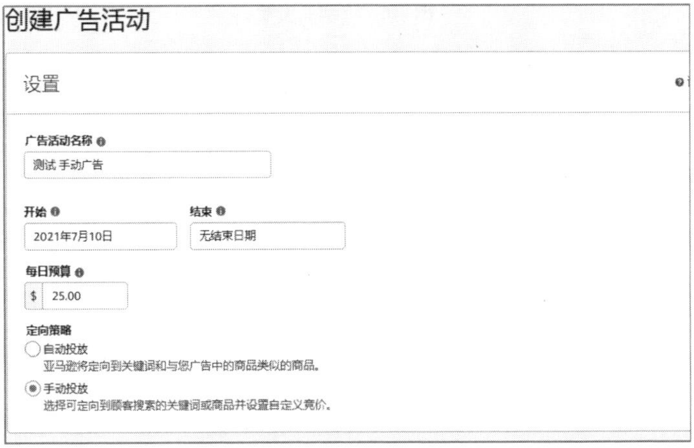

图 10.12　创建广告活动

2."广告活动竞价策略"选择"动态竞价 – 仅降低"策略,如图 10.13 所示。

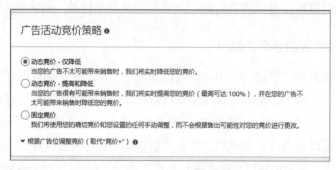

图 10.13　广告活动竞价策略

3.设置广告组名称,并选择要投放广告的产品,如图 10.14 所示。

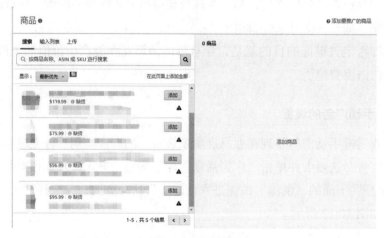

图 10.14　商品设置

4."定向策略"选择"关键词投放"策略,如图 10.15 所示。

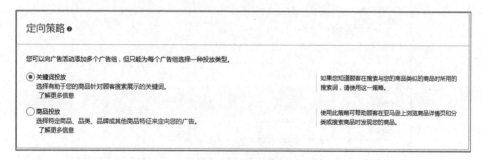

图 10.15　定向策略

通过关键词投放，卖家可以选择关键词，使卖家的商品在消费者的搜索结果和商品详情页中得到展示。如果卖家知道消费者在搜索与您的商品类似的商品时所用的搜索词，请使用此策略。例如，如果您的商品为手机壳，您可以选择关键词"手机壳"。当顾客使用搜索词"手机壳"搜索商品时，您的广告就有可能展示在搜索结果和商品详情页中。

商品投放，卖家可以选择与卖家的广告商品相关的特定商品、品类、品牌或其他商品特性。使用此策略有助于消费者在浏览商品详情页和品类时发现您的商品，使用此策略有助于顾客在亚马逊上搜索商品时发现您的商品。例如，如果您的广告中的商品是"品牌 A"女鞋，您可以选择针对于"女款跑鞋"品类相关的所有搜索结果和商品详情页投放该品类。您还可以选择投放品牌"品牌 B"，因为它是与"品牌 A"类似的品牌，或者您可以投放价位、星级评分或类似商品的变体。也就是说在别人的产品下，投放您的产品广告，此方法容易引起对手的反击，建议不使用。

在"关键词"投放里可以选择"建议"，将由亚马逊根据你的 Listing 自动匹配出一些关键词，供卖家选择。也可以选择"输入列表"，由卖家自己自主选择关键词进行投放。其中有三种关键词的匹配方式，包括广泛匹配、词组匹配、精准匹配，如图 10.16 所示。

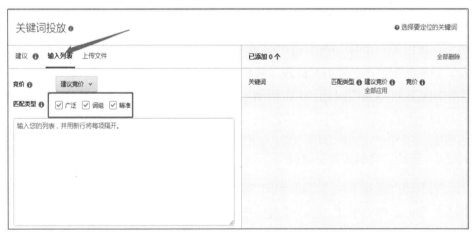

图 10.16 关键词投放输入列表

5. 单击"启动广告活动"按钮，该手动广告设置成功。

10.2.6 手动广告的作用

无论是在产品的新品阶段、推广阶段,还是成熟阶段,手动广告的作用都是非常重要的,在产品新品阶段手动广告起到引流的作用;产品推广阶段,手动广告起到提升关键词排名的作用;产品成熟阶段,手动广告起到扩展流量的作用。因此手动广告是卖家必须掌握的运营技术之一。

10.2.7 手动广告的匹配类型

广泛匹配:为广告带来广泛的曝光量。如果买家的搜索查询中包含所有关键词或其同义词,都会被系统视为匹配。广泛匹配关键词可以带来最大限度的曝光量,其总体花费最高。一般当产品推广到 best seller 前 100 名的时候。才会开启广泛匹配,为产品获取更多的流量,突破销量瓶颈。同时广泛匹配,也具备选词的能力,可以找出卖家没有想到的其他关键词。

词组匹配:买家的搜索查询必须包含准确的短语或词序。与广泛匹配相比,该类型的限制性更强,通常会将广告显示在相关度更高的位置。词组匹配,具备筛选更精准的长尾词的能力。当产品排名推到一定程度,为了提高产品的转化率,降低 ACoS,提高投产比,可以通过词组匹配去筛选更多的长尾词,然后把不精准的长尾词否定掉,保留转化率更高的长尾词,从而达到目的。

精准匹配:买家的搜索查询必须与关键词的词序完全匹配,广告才会显示。精准匹配是产品在新品阶段、推广阶段运用的主要匹配方式,精准匹配对关键词具有更高的控制力。可以更加细微地对关键词排名位置、关键词出价进行调控。

10.2.8 手动广告的否定关键词

当手动广告跑了一段时间以后,可以把有曝光没点击、有点击没转化,或是点击率低、转化率低、投产比低的产品进行否定。在预算不足的情况下,以 7 天为一个周期,7 天之内点击量大于 10 次点击,却没有出单的产品可以直接否定掉。

或是以 30 天为一个周期,30 天之内点击量大于 25 次点击,却没有出单的产品,可以直接否定掉。以上数据仅供参考,不同类目不同季节该数据会有上下浮动,可根据经验去调控。

10.3 品牌推广广告

品牌推广（Sponsored Brands）就是以前说的黄金广告位（Headline Search Ads），可以展现在搜索结果页的顶部、尾部、旁边或中间位置，以及搜索结果页面每页只有一个的视频广告位，如图10.17、图10.18、图10.19所示。

图 10.17　黄金广告位

图 10.18　尾部品牌广告位

图 10.19　视频广告位

品牌推广广告的作用是提高品牌知名度，品牌推广会在搜索结果中展示，有助于提高品牌的曝光度，增加流量。当亚马逊消费者点击品牌 Logo 后，便会转到品牌旗舰店或自定义落地页面。点击某个商品后，便会转到相应商品页面。

10.3.1 商品集广告

商品集广告既能向品牌旗舰店引流（Logo 位置），又可以向特定产品的详情页引流（ASIN 展示位）。有品牌旗舰店且设计过的可直接导到品牌旗舰店，没有的情况下，可以选择导向新商品列表页面。

10.3.2 视频广告

视频广告的效果非常好，因为视频传达的内容比图片和文字都要多得多。视频广告的点击率、转化率普遍要比关键词广告的点击率、转化率要高。在亚马逊上还有很多卖家对视频广告不重视，因此这也是我们新手卖家弯道超车的机会。视频广告的视频不宜过长，建议在 15 秒到 30 秒为好。也可以直接用产品视频作为视频广告的素材。

10.4 展示型推广广告

展示型推广广告目前常用的有两种匹配方式：受众和商品投放，这两种匹配方式一种是站外投放的方式（受众），另一种是站内投放的方式（商品投放）。站外投放的渠道是无从得知的，但是站内投放的展示位十分明确，展示位置分别如图 10.20 ~ 图 10.26 所示。

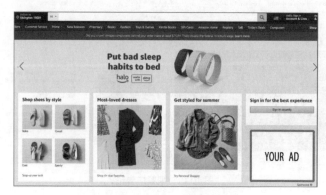

图 10.20　首页顶部

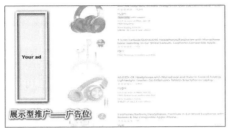

图 10.21　搜索页左侧　　　　　　　　图 10.22 搜索页底部

图 10.23　详情页面顶部　　　　　　　　图 10.24 详情页面右侧

图 10.25　详情页面中部　　　　　　　　图 10.26 下单页右侧

展示型广告位如此之多，侧面说明了亚马逊的发展趋势。展示型推广和品牌推广都是品牌卖家才能做的推广活动，由此可以看到平台现在是越来越重视品牌卖家的权益和对品牌的扶持力度。

所以还没注册商标或还没在平台进行品牌备案的卖家，在未来的竞争力一定是大大削弱的。展示型推广的展示位如此具有侵略性，做这个类型广告的卖家一定会越来越多，广告推广费用的增加是可预见的。

在其他卖家都把广告做到"家门口"的时候，我们就一定要增强"自身综合能力"才能维护自己的产品转化率。

趁疫情期间，建议卖家们赶紧优化好自己的产品页面吧！

10.5 广告数据报告

随着广告数据的不断积累，卖家可以通过累计的广告数据对关键词进行筛选，否定掉点击率低，转化率低，ACoS 高，浪费钱的关键词。同时也可以找到点击率高，转化率高，ACoS 低的关键词，从而对这些表现好的词加大投入。

10.5.1 下载广告报告

可以在"广告活动管理"右侧的菜单栏进入广告数据下载界面，也可以通过后台"数据报告"选项卡单击"广告"按钮，如图 10.27、图 10.28 所示。

图 10.27　广告活动管理

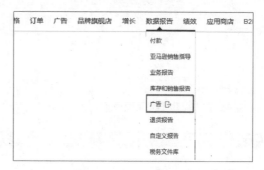
图 10.28　数据报告

然后根据实际情况去选择广告数据的周期，一般新品前期每 3~7 天下载一次，等到产品排名稳定之后，可以一个月下载一次，如图 10.29 所示。数据报告的广告数据最长的时间范围只能下载 2 个月，因此卖家的广告数据每 2 个月都要下载一次，作为数据的积累。否则超过期限，广告数据就找不到了。

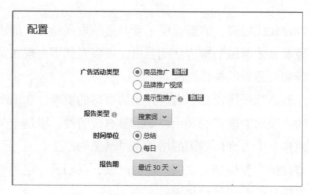
图 10.29　配置页面

10.5.2 分析广告报告

下载的广告数据表格为 Excel 表格，本小节介绍 Excel 表格当中比较重要的几个栏目，如图 10.30、图 10.31 所示。

广告活动名称	广告组名称	投放	匹配类型	客户搜索词
broad-粉...	broad-粉红...	cherry blossom	PHRASE	fake cherry blossom
	broad-粉红...	cherry blossom artifi	EXACT	cherry blossom artificial flowers
	broad-粉红花	spring flowers	BROAD	spring flowers
	broad-粉红...	cherry blossom stem	PHRASE	pink cherry blossom stems
	broad-粉红...	cherry blossom stems	BROAD	cherry blossom stem
	broad-粉红...	cherry blossom stems	BROAD	cherry blossom stems
	broad-粉红...	long flowers	BROAD	long stem silk flower blooms
	broad-粉红...	cherry blossom artifi	EXACT	cherry blossoms artificial flowers
	broad-粉红...	cherry blossom flower	PHRASE	cherry blossom flowers
	手...	cherry blossom flower	PHRASE	fake cherry blossom flowers
	手...	cherry blossom flower	PHRASE	silk cherry blossom flowers
	手...	cherry blossom branch	PHRASE	feaux cherry blossom branches
	手...	floor vases	BROAD	tall vases for decor living room floor

图 10.30　关键词报告表格

印象数	点击量	点击率(CTR)	每次点击f	花费	(ACoS)	投入产出比(R	7天总销售
1811	26	1.4357%	$0.47	$12.28	10.4984%	9.53	3
7661	34	0.4438%	$0.62	$21.18	9.0536%	11.05	6
6947	36	0.5182%	$0.72	$25.94	21.6221%	4.62	3
4953	31	0.6259%	$0.42	$12.92	10.7694%	9.29	3
325	3	0.9231%	$0.39	$1.17	1.5004%	66.65	2
10468	63	0.6018%	$0.59	$37.46	48.0380%	2.08	3
2	1	50.0000%	$0.33	$0.33	0.2821%	354.45	3
12558	48	0.3822%	$0.53	$25.55	21.8432%	4.58	3
11555	103	0.8914%	$0.54	$55.16	28.2944%	3.53	5
3341	12	0.3592%	$0.53	$6.39	8.1944%	12.20	2
4349	32	0.7358%	$0.48	$15.51	9.9449%	10.06	4
7732	21	0.2716%	$0.63	$13.32	17.0813%	5.85	2
1453	10	0.6882%	$0.39	$3.88	4.9756%	20.10	2
346	3	0.8671%	$0.36	$1.08	1.3850%	72.20	2
2941	13	0.4420%	$0.65	$8.49	10.8874%	9.18	2
701	6	0.8559%	$0.66	$3.96	5.0782%	19.69	2

图 10.31　关键词报告表格价格

广告活动名称和广告组名称，是卖家设置广告的时候提前设置好的名称，广告活动里包含广告组。相同商品可以放在同一个广告组中共用关键词。也可以把相同产品，不同型号的产品分别放在不同的广告活动当中，对它们开不同的关键词，设置不同预算。

投放和客户搜索词，投放是卖家在设置广告的时候输入的付费关键词。客户搜索词指的是真实的客户通过某个关键词点击了我们的广告。

匹配类型，指手动投放广告的关键词匹配类型，匹配类型主要有广泛匹配、词组匹配和精准匹配三种类型。

印象数、点击量和点击率，印象数也叫曝光量、展现量，指的是商品广告被展现的次数。无论有没有被消费者真实看到，只要在浏览页面出现过，就算一次展现。点击量指的是消费者点击广告的次数，同一天同一台设备，点击多次算一次点击量。点击率是点击量与曝光量的比值，可以反映出某个关键词跟产品之间的相关性。

点击成本、花费、ACoS，点击成本为每次消费者点击一次，卖家需要花费的金额；花费指在报告所在时段里，目标关键词总花费；ACoS 是指广告花费与产生的销售额之间的比值，该数值越小越好。例如，ACoS 为 10%，代表的意思是广告花费 10 美元，能带来 100 美元的销售额。

10.6 新品期的广告方法

新品上架的时候没有流量，没有销量，没有评价，这时候一般是直接开自动广告。利用自动广告去寻找精准的关键词，另外通过自动广告去获取价格较低的流量。开自动广告，最主要的目的就是跑出合适的关键词，同时增加新品的曝光，另外还可以让新品尽快地被亚马逊收入关键词。

当自动广告运行一段时间后，要及时下载广告报告筛选出合适的词，否定掉不相关的词。值得注意的是：在新品开自动广告的阶段，广告预算一定要充足，至少要保证自动广告每天能满足 20 个点击量。如果是多个新品都要投放广告，那么每个新品都要单独开一个这种广告，而不要把它们放在一起。

将自动广告筛选出来的关键词开手动广告。这时候有两种方法，如果预算充足，可以把自动广告找到的词开一个手动词组匹配、一个手动广泛匹配，用来找更多的词，然后把点击率高、转化率高、出单多的词加入一个手动精准匹配广告中。另外一种方法是直接把自动广告找的词开手动精准匹配，然后继续跑自动广告，直到找到下一个词，再把找到的新词加入手动精准匹配中。

10.7 推广期的广告方法

在产品推广期，很多卖家的目光都定在 BSR 排名上，每天都观察 BSR 排名的变化，实际上这是本末倒置了，因为 BSR 排名是结果，不是过程。决定 BSR 排名的因素有很多，但是最主要的因素还是销量。销量决定了 BSR 排名的变化，而关键词排名决定了销量。

目前为止，做亚马逊最主要的流量来源还是搜索流量，消费者通过关键词搜索产品，然后找到喜欢的产品进行下单和购买。所以当消费者搜索关键词的时候，如果你的产品排名越靠前，那么将越有机会获得消费者的订单。因为靠前的产品获得的关注最多，所以可以说关键词排名越靠前的产品出单量越多。所以在产品推广期，我们争取的排名是关键词自然排名。产品拥有靠前的关键词数量越多，那么他的销量越多。所以推广期就是打精准关键词排名。

广告在推广期以手动广告、精准匹配为主。尽量把广告位控制在前两页，预算充足的情况下，可以控制在首页前 18 名，直到自然排名还在首页。另外现在视频广告的数据普遍比关键词广告要好，首页只有一个视频广告，它的效果要比关键词广告要好得多。因此推广期如果具备条件，一定要开视频广告。

10.8 成熟期的广告方法

进入成熟期的产品，该获得的排名关键词已经获得比较靠前的位置，这时候就要改变广告策略，可以做手动的广泛匹配和手动的词组匹配，以及类目节点广告，以扩大我们的流量范围，从而获得更多的订单，抢占市场份额，甚至开启展示型广告和品牌广告。

第11章 亚马逊的站内促销

在新品破零、产品排名阶段或者是产品清库存阶段,卖家一定会用到亚马逊的站内促销。本章针对亚马逊站内促销的几种方法进行了全面的阐述,并对其设置步骤进行了详细的讲解,希望对卖家朋友们有所帮助。

11.1 秒杀

秒杀活动可以说是亚马逊站内活动当中效果非常明显的促销方案,卖家有机会参加秒杀,一定要参加秒杀。但也不是所有的产品都适合秒杀,卖家朋友们可以进行尝试。

11.1.1 Lightning Deals

Lightning Deals 是亚马逊官方推出的促销活动,可以直接在后台申请,分为秒杀和七天促销,如图11.1所示。

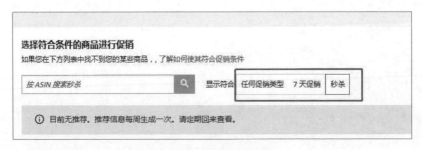

图 11.1 秒杀和七天促销

产品达到亚马逊官方规定的标准才能参加 Lightning Deals,如果没有达到亚马逊的要求,后台是看不到自己的商品允许参加活动的推荐的。同时参加秒杀需要支付 150 美元,参加七天促销需要支付 300 美元。在大卖活动促销期间,秒杀活动还会相应涨价。

秒杀的活动时间一般为 6 个小时,这个活动时间很有讲究,如果亚马逊系统给你安排的时间是美国当地时间的凌晨 0 点到 6 点，那我们直接删掉申请，然后对产品重新申请秒杀。因为秒杀活动在凌晨 0 点到 6 点，基本上没什么效果，很多新手以为时间没有办法控制，那就浪费了 150 美元，实战中是可以删除重新上传安排时间的。

七天促销的时间为七天，还有一个比较好的地方，在于它可以直接在产品搜索页面显示红色标志，可以在这七天当中，极大地提高我们产品的点击率和转化率。

11.1.2　Best Deals

Best Deals 是亚马逊官方的一种免费促销工具，秒杀时间长达 40 天，对于新品来说是一个非常好的推广手段，但是它不能在亚马逊后台直接生成，需要卖家联系自己的亚马逊招商经理进行申请才可以参加。

11.2　优惠券（Coupons）

优惠券是亚马逊卖家最常用的一种促销方式，因为促销券可以在产品搜索结果页面直接显示，因此可以极大地提升产品的点击率和转化率。同时优惠券还可以在首页给商品增加一个 Today's Deals 的流量渠道。首先进入卖家后台，单击"广告"选项卡中的"优惠券"按钮，进入优惠券设置界面，如图 11.2 所示。

图 11.2　优惠券

索要参加优惠活动的产品，通过输入 ASIN 码或者 SKU 码进行查找，选定完产品后单击"转至"按钮，出现要参加的产品后，单击"添加至优惠券"按钮，如图 11.3 所示。

然后选择优惠券折扣类型，分别是满减和减免折扣，其中满减指达到规定的金额后直接减金额，如图 11.4 所示，减免折扣是按照原销售额减免一定百分比，如图 11.5 所示。

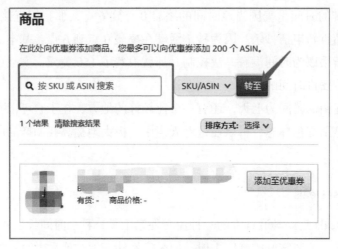

图 11.3　添加至优惠券

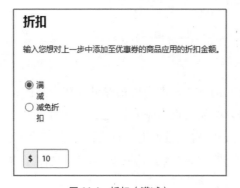 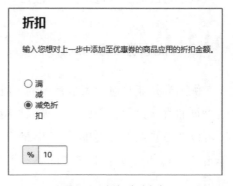

　　图 11.4　折扣（满减）　　　　　　图 11.5　折扣（减免）

　　选择优惠券的使用规则，产品库存有限的情况下选择每个卖家只能兑换一次，清库存的时候可以选择允许一个卖家多次兑换优惠券，如图 11.6 所示。

图 11.6　优惠券限制

接下来，选择优惠券的预算，预算将分摊到以下 2 项费用中：您提供的折扣的同等金额，兑换费（美国站每次兑换需支付 $0.60）。当优惠券的利用率达到 80% 时，优惠券将被停用，如图 11.7 所示。

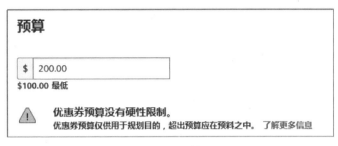

图 11.7　预算

优惠券名称是买家在"优惠券"主页上浏览优惠券时在优惠券图片下看到的名称，如图 11.8 所示。为了在多个优惠券之间提供一致的买家体验，亚马逊会根据卖家输入的折扣（"节省 10%"）自动生成优惠券名称的前三个字。卖家要做的就是定义添加到优惠券的商品，换句话说，就是定义优惠适用于哪些商品。例如，如果为优惠券添加了不同尺寸和类型的洗手液，那么优惠券标题可以是"洗手液节省 10%"。请注意，禁止在优惠券名称中输入冒犯性词语、折扣百分比或引用活动（如 Prime Day 或黑色星期五）。如果不遵守这些规则，亚马逊可能会停用您的优惠券。

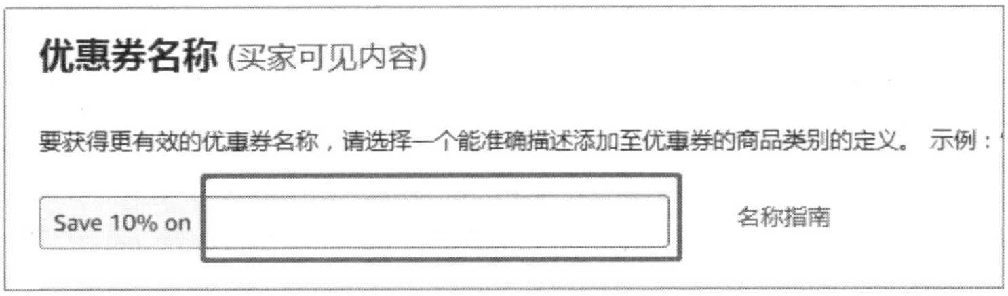

图 11.8　优惠券名称

设置买家群体，可以设置的四个群体为："所有买家""Amazon Prime 计划的会员""亚马逊学生计划的会员""亚马逊妈妈计划的会员"。一般都设置为"所有买家"，如图 11.9 所示。

同时，设置优惠的开始时间和结束时间，一般时间不要超过 7 天，如果长时间做优惠券，也最好是每 7 天做一次。这样会给消费者以紧迫感，不要让买家知道是长期做，如图 11.10 所示。

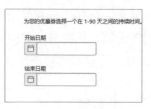

图 11.9 所有买家　　　　　图 11.10 设置时间

检查优惠券设置无误后，确认创建即可。

11.3 Prime专享折扣

Prime 专享折扣是专门为 Prime 会员提供的折扣，适用于通过亚马逊物流销售且符合 Prime 要求的商品。商品会在搜索结果和商品详情页面中显示折扣价、被划掉的正常价格以及节省费用一览。

与秒杀相比，Prime 专享折扣允许卖家主动提交申请，之后由亚马逊审核，卖家可以更主动地对产品进行推广，而 Prime 专享折扣允许卖家免费参加，这当然会帮助卖家大大降低推广成本。

但是参加 Prime 专享折扣必须符合以下所有条件：提供折扣的所有商品必须是 FBA 产品；提供折扣的所有商品都必须非二手品。提供折扣的所有商品都必须至少有 3 星评级或没有评级；Prime 专享折扣必须比非会员非促销价格（即"管理库存"页面中的价格）至少优惠 10%，最多优惠 80%。对于 Prime Day 折扣，折扣必须至少比价格优惠 20%；Prime 专享折扣必须等于或低于过去 30 天的最低价格。

设置 Prime 专享折扣，首先进入卖家后台，单击"广告"选项卡中的"Prime 专享折扣"按钮，并单击"创建折扣"蓝色按钮，如图 11.11 所示。

图 11.11 创健折扣

1.设置折扣活动名称,以及折扣活动时间,如图11.12所示。

图11.12 折扣活动

2.设置参加活动的产品 SKU 码、折扣类型、操作动作,折扣类型一般常用 Amount Off 和 Percentage Off。产品价格是低客单价的采用 Percentage Off,产品价格是高客单价的用 Amount Off。从消费者心理学角度来讲,这样的设置更容易出单,如图11.13所示。

图11.13 参加活动的产品

3.检查无误后,完成设置。

11.4 管理促销

本小节,针对管理促销里的三种促销方法进行阐述,并对其设置步骤进行讲解。但每种促销方案都有它的使用场景,卖家朋友们可以在实战中去摸索体会。

11.4.1 社交媒体促销代码

社交媒体促销代码是亚马逊为帮助卖家增加销量推出的营销工具,只有进行了品牌备案的卖家才能使用。此促销工具主要用于站外引流，适合进行社交媒体营销和网络红人营销。卖家通过该工具生成一个专属的营销页面，使消费者可以直接通过该页面链接访问商品并下单，另外也不需要手动输入促销代码。此工具是免费使用的，没有使用次数或者产品数量的限制。

首先，卖家进入后台单击"广告"选项卡中的"管理促销"按钮，并单击"社交媒体促销代码"下的"创建"按钮，如图 11.14 所示。

图 11.14 管理促销

接着，卖家设置促销活动的折扣额度，以及要参加促销的商品，可以从已售产品选择，也可以重新创建产品集，如图 11.15 所示。

图 11.15 创建新的商品选择

然后，设置活动的开始日期、结束日期。一般设置完成以后，要 4 个小时后才会生效。同时设置名称，方便后期查看，如图 11.16 所示。

图 11.16 设置活动日期

最后，设置优惠券的使用限制，分别是"一次结算中的一件商品""一次结算中的无限件商品""无限次结算中的无限件商品"，如图 11.17 所示。

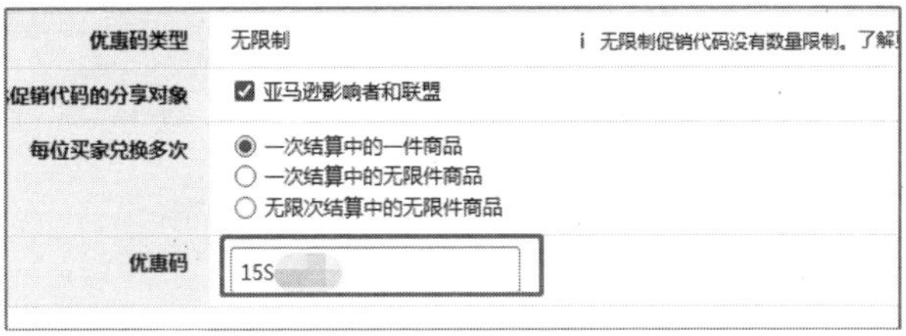

图 11.17　优惠码

其中"一次结算中的一件商品"指任何一个亚马逊买家账户只能为一件产品兑换一次特定的促销。"一次结算中的无限件商品"指可以让买家在一次购买中，批量购买打折商品，这些商品通常是买家会大量购买的产品。如果促销针对的是多个产品，而且希望买家选择多种商品进行购买，那么这也是一个有用的选择。"无限次结算中的无限件商品"是最宽松的策略，买家可以多次购买多个产品，建议谨慎使用。

设置完成促销活动，并且亚马逊审核通过后，将在后台生成活动链接，卖家可用生成的该链接进行站外推广。

11.4.2　购买折扣

亚马逊官方推出的折扣工具，卖家可以免费使用。此工具是可以对产品进行分段打折的促销工具。例如，买 2 个衣架折扣为 5%，买 4 个折扣为 8%，买 10 个折扣为 10%，其设置方法如下。

首先，单击后台"广告"选项卡的"管理促销"按钮，进入促销界面，如图 11.18 所示。

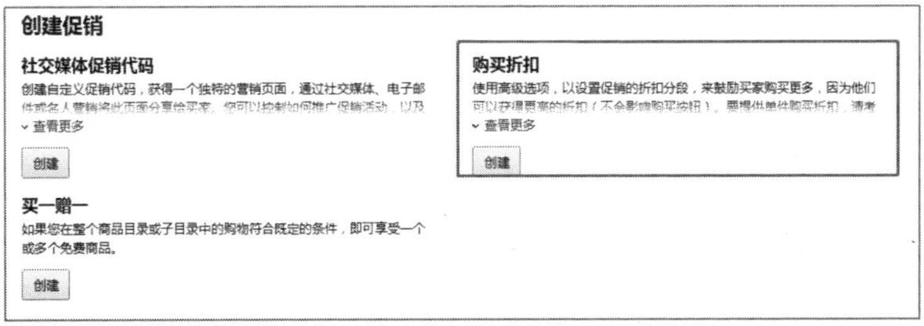

图 11.18　购买折扣

选择促销条件，并添加促销层级（即买得越多，折扣越多），同时设置活动的时间区间，如图 11.19、图 11.20 所示。

图 11.19　促销条件

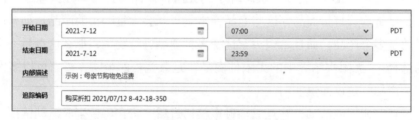

图 11.20　设置活动的时间区间

然后设置促销代码类型，设置"一次性"代表此促销代码只能使用一次。设置"无限制"代表此促销代码可以多次使用。当库存不足的时候，一般不选用"无限制"，很可能快速将库存卖光，造成断货，影响产品的运营。一般在产品清货的时候才会选择"无限制"。

11.4.3　买一赠一

买一赠一是在买家购买特定商品时，卖家赠送另外一件产品。两个产品都必须是 FBA 仓库中已经存在的商品。这样我们在新品推广阶段采用买一赠一促销方式，可以提升产品的转化率，同时也可以帮助卖家清理滞销的库存商品，避免被亚马逊征收长期仓储费，提高卖家的库存绩效。

第12章 亚马逊的站外流量

随着时间的推移，亚马逊卖家会发现亚马逊站内广告的价格越来越高，竞争越来越激烈，广告运营成本在不断增加。所以站外流量是一个非常好的补充，如果选择做站外流量，对比没有做站外的卖家将会有非常大的优势。站外常用的社交媒体有 Facebook、Instagram、Twitter、YouTube 等。社交媒体的流量是非常大的，如果能找到精准的网红博主推产品，就会有大量的流量引入你的 Listing。比如你是做母婴产品的，你让一个母婴博主帮你发一条关于你产品的推文，那么就会有精准的目标客户群体来到你的 Listing 中，从而带来销量。

12.1 海外版抖音（Tiktok）

Tiktok 目前是全球下载量最多的短视频 App，已经超过 25 亿次下载量，Tiktok 也是第一个取得这个成绩的中国应用程序。目前 Tiktok 主页是可以挂亚马逊链接的。Tiktok 带来的流量，很多卖家是作为私域流量，帮助我们去做亚马逊测评。但实际上 Tiktok 这些流量直接转化销量也是很可观的。2021年测试，产品的转化率大概能做到 2%~3%，有很多卖家朋会觉得转化率太低，浪费精力，但是免费流量，不花钱的流量，低不低又怎样呢？

另外 Tiktok 是可以做出现象级爆款产品的，2021 年的很多爆款产品就是通过 Tiktok 打爆的。例如，TikTok 用户在平台上分享了一款 Plantifique 的足部去角质面膜的视频，一夜之间，浏览量就超过了 1200 万次。于是，这款足膜在亚马逊上迅速卖断货。不过，这并没有影响用户在亚马逊上寻找其他足膜，因此，很多足部去角质面膜占领了"Movers and Shakers"排行榜，可见其受欢迎程度，如图 12.1、图 12.2 所示。

Tiktok 视频的选材和发布是整个环节中最关键的。首先，需要充分分析要引流什么样的粉丝，根据目标用户的喜好来发布视频，才有可能收获对应的粉丝。其次，要知道买你产品的用户画像是什么样的，是怎样的群体。

图12.1 足部去角质面膜

图12.2 其他品牌

例如，我卖家居产品，购买我产品的是一些家庭主妇，那这个就很好办了，我发家庭主妇喜欢的内容不就可以吸引她们了吗？具体把握两个原则，第一是对家庭主妇有用的，第二是她们觉得有趣的。

视频发布后，评论区做相应的引导。这里要注意你的目的是什么，如当你要直接转化客户让客户下单，你可以直接引导说去我主页链接下单购买即可，如果评论区大多是问产品叫什么名字，或者这个产品怎么购买时，你可以很好地去引导，甚至在评论区说通过主页购买产品有很大的优惠！缩短他们思考的时间，增强转化。

如果你是想先加客户私信，可以在评论下引导其先加你的私人好友，告知客户有什么好处，加了好友以后再慢慢转化。

12.2 Deal

在国外有一些网站是专门做 Deal 活动的，这些网站提供一个平台，让亚马逊卖家在这个平台上发布各种产品的折扣信息，而买家则可以在这个平台上用较低的价格买到自己心仪的产品，类似于我们国内之前的返利网。

首先我们需要在亚马逊后台设立一个促销活动，然后通过促销活动生成对应的折扣码，再把生成的折扣码发给站外的 Deal 平台。如果卖家在这个平台上看到了我的产品，就会直接通过链接转到我们亚马逊的下单页面，进行购买。

下面给大家介绍几个常见的 Deal 网站。

1. Woot

产品分类：电子产品、工具类产品、运动产品、服装。

浏览情况：每周平均访问量 30 万人次以上。

网站特点：每日一购，首页显示当天折扣产品。

入驻要求：亚马逊店铺 Feedback 数量大于 500 个，产品评价数大于 15 个。

网站链接：woot.com。

2. Lifehacker

产品分类：奇特产品。

浏览情况：每周平均访问量 100 万人次以上。

网站特点：文章形式推荐。

入住要求：需要有红人推荐。

网站链接：lifehacker.com。

3. VIPON

产品分类：全品类产品。

浏览情况：每周平均访问量 150 万人次以上。

网站特点：页面简洁，可直接引流到亚马逊。

入驻要求：要求产品折扣为 50% 及 50% 以上。

网站链接：myvipon.com。

4. Kinja Deals

产品分类：创意产品。

浏览情况：每周平均访问量 30 万人次以上。

网站特点：页面简洁，图片展示为主。

入驻要求：亚马逊店铺 Feedback 数量超过 500 个、产品评论数不低于 20 个。

网站链接：kinjadeals.theinventory.comSlickdeals。

5. Slickdeal

产品分类：男性用品、电子产品、游戏产品。

浏览情况：每周平均访问量 100 万人次以上。

网站特点：客户群体男性偏多。

入驻要求：亚马逊店铺 Feedback 数量超过 1000 个、产品评论数不低于 50 个。

网站链接：slickdeals.net。

6. RetailMeNot

产品分类：品牌产品。

浏览情况：每周平均访问量 50 万人次以上。

网站特点：通过发布优惠券进行购买，适合带有品牌的服装类产品。

入驻要求：一定要有品牌。

网站链接：retailmenot.com。

12.3 Facebook

Facebook 是跟亚马逊联系相对比较紧密的社交平台之一，亚马逊卖家通过 Facebook 有多种玩儿法。不仅可以在 Facebook 上直接打产品广告，也可以发文章做私域流量或者是加 Facebook 社群软文推广。

12.3.1 利用Facebook做产品推广

在 Facebook 上建立账号长期发文，形成粉丝黏性，建立自己的私域流量，为自己亚马逊测评建立鱼塘。

同时粉丝也可以成为我们新品的测试精准人群，提高产品的选品中标率。账号发布的内容，最好 50% 的内容是与粉丝兴趣相关的，30% 的内容是开放式的互动，剩余的 20% 的内容才是与产品相关的。

简单地说就是如果想要吸引粉丝，就应该把更多的精力放在制作与目标客户兴趣、需求、生活习惯等相符的内容上，广告内容不要太多，否则会让粉丝反感，适得其反。

粉丝永远是第一位的。粉丝是目标客户，是潜在客户，所以将其放在第一优先级是不容置疑的。

卖家在运营 Facebook 的时候，应该转变思路，从以产品本身为出发点转变为以粉丝需求为出发点。卖家需要了解粉丝，才能维护和粉丝的关系，才能将品牌和粉丝联系起来。

12.3.2 Facebook广告

亚马逊卖家要在 Facebook 上做广告，要创建引人注目的优惠，为产品打最大的折扣，降低产品价格，这样才会吸引 Facebook 上客户点击阅读广告。

12.3.3 加入兴趣组

可以在 Facebook 上直接加入跟产品相关性较大的兴趣社群，在其中发布软文广告进行引流，但是很容易被群主踢出来，所以加入群之后，不要着急发短文，要先在群里混脸熟，甚至可以给群主一点分红，允许群主让自己发广告。并且在群里要多互动，建立自己的群员形象 IP，让群友对自己更加信任。

另外也可以加入 Facebook 的卖家测评群，在群里不要说话，看看其他商家在测评群里面发了哪些产品，可以给我们的选品带来一些新的思路方向。

12.4 Instagram

在 Instagram 跟红人合作，一般收费情况为每 1000 个粉丝收费 10 美元。或者是每 1000 次互动收费 300 美元左右。在和红人合作之前，首先你要找到对的红人，因本书篇幅有限，如何找红人内容可以在我的公众号去查询。

首先，红人的粉丝群体要符合你产品的购买人群，两者的人群画像要尽量一致。另外我们要区分红人是不是真红人，因为有些账号是通过买粉丝、买点赞、买评论让卖家以为这是一个大 V，我们可以利用"hypeauditor"工具进行鉴别。

建议卖家前期不用找一些非常红的，粉丝特别多的账号，因为收费比较贵。我们可以找一些小红人，粉丝在 1 万个到 5 万个的红人合作。

这样只要送一个样品给他们，他们就会愿意给你发帖，不需要额外的付费。对于粉丝不是很多，但是活跃比较好的账户，也可以直接包月，这样总体算下来要便宜很多。另外不要找每天发很多信息的红人，这样流量会分散。

要注意的是，Instagram 整个账号，能放超链接的地方就是在简介里面，所以要让红人把这里的链接，修改为我们对应的产品权威链接，保持一天或者二天，并要求红人引导粉丝去他（她）主页那里点击链接。

12.5 YouTube

在 YouTube（俗称"油管"）跟红人合作，一般收费情况为每 1000 个粉丝收费 20 美元，或者每 1000 个评论收费 80 美元左右。首先，我们要找到红人，在 YouTube 搜索栏搜索"产品名 +Ratings"或者"产品名 +Review"，如图 12.3 所示。

图 12.3　YouTube 视频网站

点击头像就可以在他的简介里面找到他的联系方式，以及他的合作模式，然后私信聊就可以了。判断他是不是你需要的红人，不用看他的其他数据，只要看他过去的作品以及作品下的评论，来分析他的粉丝群体跟你的产品购买人群是不是吻合的。越吻合，则转化率越高。很多新手卖家出现的问题是喜欢找流量大的，但实际上我们做电商要的是高转化，不是高流量。

在推广之前，我们首先把产品的价格稍微标得高一点，然后再去打大折扣来推，一般是 4 到 5 折，尽量保证不亏钱。这样总体算下来，可能前期跑量阶段的总体花费要比正常站内打广告便宜很多。注意，要求红人把我们的产品的权威链接放在视频下方，方便引流。

12.6 Twitter

如果你想长久地经营一个亚马逊品牌，那么 Twitter 是不容错过的。做 Twitter 需要持续不断地推出内容。Twitter 搜索结果是按照时间进行排名的，只要你的是最新的，相关关键词就排在前面，围绕一个产品的核心关键词不停地更新，就会排在 Twitter 搜索的前面。另外 Google 搜索结果里面开始融入 Twitter 结果，这样的话，只要你的 Twitter 是最新的且包含关键词，在别人没有更新之前，你就在 Twitter 里排在前面，并且显示在 Google 首页。

另外，可以多注意国外跟你产品相关的一些名人，或者是名人发布的内容跟你的产品有关，那么如果你抢占第一个位置进行回复，就会获得很多的流量，因为会有很多人在后面回帖，而你每次都在前面。

最后，当你已经累积了一定的粉丝之后，可以做 Twitter 活动，让粉丝积极参加，并通过一些物质回报来引爆全网。

第 13 章 亚马逊运营玩法

亚马逊电商平台的运营策略有无数种，当卖家熟练掌握亚马逊的基础知识之后，可以灵活运用。本章对最常用的运营思路进行了阐述，希望能抛砖引玉，对卖家朋友们起到一定的借鉴意义，从而让卖家朋友们研发出更好的玩法。

13.1 不同价位产品的运营思路

产品价格不同，购买人群不同，对于不同价格的产品，需要不同的运营思路。本小节对低客单价、中客单价、高客单价的产品运营思路进行常规的方向说明。因产品不同，思路会有所变化，并不能一概而论。

13.1.1 低价位产品的运营思路

很多卖家在前期做产品的时候，手里没有多少运营资金，就比较喜欢做低价商品。但是又总说低价产品没利润，做着没意思，以至于始终迈不出去第一步。这里我给大家举一个售价 6 美元的产品示例。

我有一个从国内做天猫转到亚马逊的学员，原来做的就是低价产品，国内 9.9 元包邮。在亚马逊他采用了同样的策略，但是亚马逊跟国内又有着不同之处。他的产品在亚马逊上都是卖 6.68 美元的，每天都能稳定出单，而且是盈利的。

首先，产品的采购价都控制在 2.8 元人民币以内，这在国内 1688 网站有一大把，很容易找到。另外，产品重量控制在 70 克以内。

其次，头程物流以空运+海运的形式。空运少量发，保证第一次的时效以及前期不断货，后期稳定后以发海运慢船为主。基本上后期稳定以后，可以保证每件商品的头程费用在 0.9 元一件的水平。

再次，包装方面应尽量简单，因为亚马逊发到客户手里是会二次包装的。简单的包装不仅可以节省包装的费用，还可以节省头程的费用。另外产品的尺寸不同、重量不同，可以分为标准件、小标准件，再小一点还可以选择"轻小商品计划"。体积、重量的不同对应了不同的发货方式，选对发货方式也可以节省较多的费用。

最终，我学员的产品减去上述成本，再减去亚马逊的佣金、尾程、仓储费，每单的利润为 2.3 美元，也就是人民币十几元。虽然看起来不多，但是卖家的投入也不多。对于前期资金紧张的卖家朋友还是很合适的。那如果店铺有个十几款这样的产品，其实每个月毛利润过万元人民币，还是很轻松的。

13.1.2 中价位产品的运营思路

因为亚马逊的客户群体都是中高端消费的，因此中高端价位的产品，其实对于亚马逊客户来说，价格敏感度不是很高。所以可以将价格设置偏高一点，给我们的站内广告推广留出足够的预算空间。虽然这部分群体对价格不敏感，但是他们对产品的质量还是有一定要求的。所以要做好中档价位产品 Listing，优化一定要到位。

只有产品 Listing 的标题、图片、视频都超过对手，后期才能通过高预算广告的方法打造产品，基础是产品高转化的前提。

开启自动广告和手动广告，对产品的核心关键词进行广告布局。用偏高的广告竞价获得靠前的展示位置，从而给产品带来足够多的流量。此种方法因为预算较多，所以卖家要根据自己的实际情况，考虑是否采用。

此方法只要产品的总利润减去我们广告的花费是有利润的，就可以持续下去。因为广告的订单可以快速推动我们关键词排名的上升，从而为商品引来更多的自然流量，让新品快速地进入良性循环。

13.1.3 高价位产品的运营思路

高价位产品一般销量比较低，但是利润比较高，所以可以通过高预算、高竞价的方法做站内广告，从而获取更多的流量。但是因为高端产品用户对产品的质量要求非常高，所以我们在产品的基础打造上要格外用心。

对于产品包装上也要尽量做到精美，从各个环节让消费者对我们的产品感到满意。商品 Listing 的每一个环节都尽量做到超过站内的对手，并且卖家要对自己产品的质量进行严格把关。发货之前做到产品全部检查一遍，提前挑出缺少零件、质量有缺陷的产品。

在运营过程中，不同产品需要不同的思路，运营是一个非常综合的过程，而且影响运营效果的因素也有很多，不能一刀切，上述方法不是一成不变的，也不是适合所有的卖家，一定要结合自己的实际情况，全盘考虑，找到适合自己的方法，有针对性地去调整策略。运营方法永远没有最好的，只有最适合的。

13.2 打造爆款的3条原则

本小节针对选品、引流、供物链三个方面来阐述产品会成为爆款的基本原则，希望本小节在卖家朋友后期爆品打造当中，能起到一定的作用。

13.2.1 "选品为王"原则

选品一定要按照市场需求去选品，是你选择市场需要的产品，而不是你认为市场需要的产品。首先产品在市场上一定要有一定的需求量，同时尽量避开大卖经营的产品，做一些有需求量的蓝海产品。同时首选产品的时候，价格一定要适中，不要太高，也不要太低，太高价的产品和太低价的产品都不容易打造。另外做亚马逊产品质量一定要过关，这里的过关不是一定要最好，而是符合相关价位的消费者的心理预期。

13.2.2 "主动出击"原则

不是说把产品上架之后就一定会出单，需要卖家对产品进行打造和推广的。首先你需要把评价做好，消费者对于没有评价的产品的购买欲望不是很强烈。

评价数多的商品销量往往比评价数少的商品的销量要多很多。因此我们要合理安全地去做产品的评价，并对评价做到日常维护，保证我们的评价星级超过对手。

站内广告现在已经是打造爆品必备的工具之一，在站内广告投放上，卖家一定要有计划，有步骤地进行投放，并且做好广告的日常优化，否则钱浪费了，还达不到好的效果。同时要适当地去做活动，如秒杀等活动。

很多卖家开通了秒杀之后，销量瞬间起爆，并且因为活动带来的权重，直接把产品带上一个台阶。但是有些商品是不适合做秒杀活动的，虽然订单增加了，但是增加得不多。算上秒杀活动的费用，平台的费用实际上是亏损的，而且对排名没有什么影响，那么这样的秒杀活动便可以不参加，需要卖家在实战中去摸索。

13.2.3 "深耕细作"原则

做产品一定要专注,你的产品线拉得太长,对库存是一个非常大的压力。资金链一旦断掉,可以说就退出了亚马逊这个平台。

因此产品线不能太广太长,要专注做一个垂直类目。

当对一个类目做了长时间的积累之后,无论是你的供应链,还是你对产品在亚马逊市场的敏感度,都会有着长足的进步。这些积累就是你胜过对手的核心竞争力。

13.3 精细化运营的4个建议

从2013年亚马逊允许第三方入驻开始,运营思路从粗放式的运营转变为现在的精细化运营。现阶段只有精细化运营,才能让店铺长期有效地持续下去。本小节从成本控制、工作流程、运营细节、运营思路四个方向提出建议,用以参考。

13.3.1 成本控制

在亚马逊要赚钱,一定要对自己的收支情况清清楚楚。公司总体的收支情况、店铺总体的收支情况,每款产品的收支情况都要做到心里有数。

人力成本方面,通过合理的合作模式,让员工赚钱,提高他们的积极性,员工赚钱,老板就赚钱。

但是,提成方面建议给毛利润的百分比提成,而不是销售额的百分比提成,这样的话,可以将店铺的利润跟运营的利益结合在一起。另外,对于亚马逊来说,员工的稳定性对我们店铺的运营至关重要。

每当店铺换一个运营的时候,业绩总要下降一个月到两个月时间。因为熟悉产品是需要时间的,另外如果店铺运营情况没有对接清楚,很容易造成额外的损失。之前我的一个朋友,因为运营交接时,没有将促销活动对接清楚,老运营设置的优惠活动没有结束,新运营又设置了一个优惠,活动之间相互叠加。一天之内亏了十几万元。所以人力成本方面,虽然看似给了运营高提成,人力成本比较大,但实际上是省钱了。

回款情况方面,很多卖家很关注自己的销售额。每天看自己的销售额超过了多少,每个月看销售额提升了多少,但是往往忽略了我们的回款金额。做亚马逊主要是看资金链,一旦回款金额不够,就会影响下一步的周转。很可能营业额很高,但是算下来这个月却是亏损的。所以回款额为参照系数,减去各项成本,剩下的才说明有盈利。

13.3.2 工作流程

做亚马逊要知道自己每个月该做什么,每周该做什么,每天该做什么,甚至每天的每个小时要做什么。这就需要卖家对自己的运营思路、运营思维有着非常清晰的脉络。特别是当团队大了以后,工作流程的衔接一定要紧密,否则可能会造成效率极其低下。这就需要在工作中运用一些专业表格,比如《产品选品表》《新品资料表》《产品上架周期表》《新品推广节点表》《每日运营动作表》等,方便日常管理、运营。

13.3.3 精品化运营

很多卖家过去采用了大量铺货的模式,因为产品线太长,备货量很大,占用了大量的资金。而且在销售过程中,不能做到精细化管理到每一个产品,形成了大量的滞销品,库存积压造成了资金利用率和周转率都不高,无形中增加了很多的成本。而精细化运营从选品开始就做到"少而精",将有限的资金和有限的精力集中,聚焦核心产品,反而会获得更好的效果。

13.3.4 爆款思维

目前亚马逊非常符合马太效应,20%的产品得到了80%的销量。因此一旦能做成一个爆款,一个爆款的利润将抵得过20个普通款。

可以这样说,在目前阶段只有爆款才能生存得好,所以商家一定要竭尽全力地去推出自己店铺的爆款产品。

13.4 常见的运营问题以及解决办法

在实际的运营当中,卖家会遇到各种各样的问题,造成产品销量的下降。本章节就常见的运营问题提出解决办法,方便卖家朋友在实战中遇到这些问题时,可以快速解决,消除造成的不良影响。

13.4.1 遇到差评,卖不动了怎么办?

产品一旦遇到差评,对链接的影响是非常大的,特别是当差评排在第一名的时候,很可能就不出单了。

首先,我们可以联系买家,真诚道歉、全额退款、解释清楚原因,积极解决问题,争取得到买家的原谅,请求买家帮我们把差评删除。

其次,如果评价当中有明显的侮辱或者是属于恶意留评,卖家可以联系亚马逊官方申诉。

再次,如果卖家有安全的渠道,或者自己的私域流量,可以适当地增加好评,并且立即降价,通过降价提高一定的销量,权重上升,从而缓解因为差评导致的销量降低和权重下降。

最后,也可以找靠谱的有实力的服务商,帮我们解决差评。

13.4.2 优化产品Listing后,卖不动了怎么办?

卖家为了让自己的Listing数据表现更好,往往会对产品进行优化。例如更换主图、调整标题等。但是卖家发现调整之后,销量瞬间下降。因为亚马逊的抓取规则是,每次商品调整之后,系统都会进行重新抓取和识别。一旦商品没有被识别到,就会导致权重下降,从而带来销量下降。

为了避免优化产品带来的权重下降,我们不要频繁地调整产品。并且,每次调整之后要观察三天左右,并结合站内广告和降价,快速拉动销量,从而提升权重。另外,如果调整后的数据不如之前的表现,再把它改回来。

13.4.3 产品断货后,卖不动了怎么办?

出现这种情况的卖家有很多,产品热销卖家都很开心,但是一旦产品卖断货后,补货又没跟上,将极大影响Listing的权重。造成断货的原因有很多,可能是供应商来不及供货,也可能是突然的销量暴增,导致总体运营跟不上,或者是物流延误。无论是哪种原因,一旦商品断货一周以上,就算把新的一批货物入仓上架了,可是销量也回不到断货之前的水平了。

这是因为商品的权重发生了变化,亚马逊以七天为一个周期,在断货的周期当中,产品没有曝光、没有点击、没有转化,所有的权重指标都下降了。虽然你的产品断货了,但是市场需求没有变化。

市场产生的订单都跑去竞争对手那里了,从而带来了对手数据的上升。对手的产品因此得到更多的权重，我们也就被挤下来了。所以就算我们补货成功，但因为双方数据相差太大，我们的产品一下子也很难恢复到之前的水平。

所以对于卖家来说，可以通过一些运营手段，尽量地减少断货造成的影响，甚至是规避断货。例如，产品断货前，我们可以适当地提高售价，减缓销售的速度，降低断货的时间。

但提价幅度也不宜太大，防止丢失购物车或者形成退货退款。另外，如果断货不可避免，我们可以采用自发货的方式跟卖自己的商品。这样就算 FBA 库存断货了，产品依然会展示在亚马逊前台当中。

同时防止不良卖家跟卖我们的产品，抢走 Listing 的编辑权。如果产品因断货时间过长，权重已经下降，当补货成功以后，可以通过降价的方式吸引更多的消费者购买，提高转化率，从而使商品权重慢慢恢复。

13.4.4　产品被跟卖，卖不动了怎么办？

因为亚马逊的规则，跟卖不可避免。一旦遇到商家跟卖，如果没有进行品牌备案，我们可以找服务商解决，一般三天之内可以解决。但是，长久之计还是要尽快注册站点的本地商标，并进行品牌备案，这样当遇到跟卖时，我们可以直接向亚马逊投诉驱赶跟卖者。

13.4.5　暂停广告后，卖不动了怎么办？

开了广告的产品，亚马逊对这个产品是有一定的权重倾斜的，我们一般不暂停广告。但如果因为广告投入造成亏损，可以将产品的竞价调整到很低，或者预算调整到很低。这样就不会有人点击，但是产品广告依然是开着的，避免广告的隐形权重不被计算。

附录A 卖家精灵折扣优惠券

卖家精灵是每一个做亚马逊卖家的必备软件之一,笔者跟卖家精灵有合作,因此可以送给读者朋友们折扣优惠码,节省一点点开支,如下表所示。

折扣优惠码

折扣码	折扣力度	适用版本
BL90	9折	单月版
BL85	8.5折	季度版
BL78	7.8折	包年版
BL72	7.2折	个人包年版(最划算)

下面介绍如何使用折扣码。

1.输入网址,在首页登录,有账号的(不能是子账号)直接登录。原先没有账号的要注册。

2.用之前注册的账号登录,选择"价格"选项卡,如附图1.1所示。

图 A.1　价格

3.选择相应的套餐,并选择付款(如附图1.2、附图1.3)

图 A.2　套餐

图 A.3　付款

4. 把折扣券填上，需对应版本（举例折扣码：BL78），金额变成 9342 元，节省了 2634 元，如附图 1.4 所示。

图 A.4　折扣减免示意图

附录B 亚马逊美国重点节日表

表 B.1 美国站促销日历

活动名称	活动时间	热卖品	特点
返工季	1、2月份	办公用品、电子产品、工具类产品、制服	较重要的促销活动
亚洲精选促销	4月、10月	灯具、风扇类、户外用品、安防用品	扶持亚洲工厂的活动
护士周	5月	笔、别针、电子类礼品、服装及配饰、胸卡套、袋子、杯具、厨具	医疗机构会为护士采购礼品
返校季	6月中旬到9月	礼品、办公家具、文具、电子产品	
商业会员日	7月左右	全品类都很不错	Prime Day 同样是年度采购量最高的季节之一

表 B.2 亚马逊电商重要节日

时间	热卖产品
1月1日 新年（New Year's Day）	家具类、生活用品
4月1日 愚人节（All Fools' Day）	恶搞礼品
耶酥受难日（Good Friday）	宗教类
4月 复活节（Easter）)	礼品类
5月 植树节（Arbor Day）	工具类
5月 母亲节（Mothers' Day）	花类、医疗器械、服装、礼品类
5月 阵亡将士纪念日（Memorial Day）	
6月 父亲节（Fathers' Day）	手表、电子产品、运动海报、男士时尚、运动鞋、运动服、健身器材（水壶、运动手表、心脏检测器）、太阳镜、古龙水、汽配件
9月 劳动节（Labor Day）	
11月1日 万圣节（Halloween）	Cosplay 服装、LED 灯饰、鬼怪玩具、带万圣节风格的其他产品
11月 感恩节（Thanksgiving Day）	厨房类用品
11月24日 黑色星期五	厨房用品、服装、鞋帽、珠宝、家装、婴幼儿用品、消费类电子
11月27日 网购星期一	服装、鞋帽、珠宝、家装、婴幼儿用品、消费类电子
12月25日 圣诞节（Christmas）	礼品类、圣诞树

附录C 亚马逊日本重点活动

日本主要电商活动表

活动	时间	热卖产品
女儿节	3月	日本传统服饰、人形玩偶、吉祥物
樱花季	3~4月	派对商品、毯子、便携椅、野餐用品
白色情人节	3月	珠宝配饰、送给女性的礼品
新生活特辑	2~4月	计算机周边、椅子、桌子、文具、厨房用品、日用品、时尚选品、家具、家电、办公用品、珠宝
开学季	3月、4月	礼品、服饰、电子产品、办公类产品、学校文具、便当盒
搬迁季	3月、4月	室内装饰、家居收纳厨房用品、床上用品、办公用品、职业套装、公文包
黄金周	4月底,5月初	旅行用品、数码相机、录像机、内存卡
鲤鱼日	5月	与男孩子相关的礼品、鲤鱼旗、玩具、衣服、电子产品
母亲节	5月	小商品和礼品(例如珠宝)、问候卡
父亲节	6月	领带、袜子、运动和户外
夏日祭	7月	消暑降温类产品、除湿器、紫外线防护用品、太阳镜、帽子、防暑用品、驱虫剂、浴衣
海洋节	7月	防晒、太阳镜、泳衣、浴巾等海滩及泳衣用品、充气游泳池
Prime	7月左右	全品类
游山日	8月	蹦床、烤架工具等户外运动商品、帐篷、睡袋、便携式炉具、登山靴等露营用品
盂兰盆节	8月	旅行用品、礼品
校园运动季	9月	儿童网球鞋、数码相机/录像机、内存卡
敬老日	9月	衣服、鞋子、毛毯、拖鞋、其他老人用品
赏枫季	10~12月	徒步旅行有关的商品、数码相机/录像机、内存卡、旅行用品
万圣节	11月	各种服装、化妆品、配饰(面具、假发)、饮料、节日装饰物品、美瞳
七五三节	11月	儿童及其家长的正式服装、数码相机/录像机、内存卡、面向7岁以下儿童的礼品

活动	时间	热卖产品
黑五网一	11月	全品类
滑雪季/温泉季	12月	增湿器、热水瓶、保暖袜子、内衣、靴子、手套及其他与雪有关的商品、滑雪服装和相关商品、泳衣、浴衣
忘年会	12月	派对帽、服装、游戏用品等派对用品
圣诞节	12月	圣诞服装、圣诞商品/装饰品、教堂用品、基督降临节日历、问候卡、礼品包装、面向所有年龄层和性别的礼品

（续表）

附录D 亚马逊前台，后台网址

亚马逊网址表

站点	前台地址	后台地址
美国	www.amazon.com	https：//sellercentral.amazon.com
墨西哥	www.amazon.com.mx	https：//sellercentral.amazon.com.mx
加拿大	www.amazon.ca	https：//sellercentral.amazon.ca
日本	www.amazon.co.jp	https：//sellercentral.amazon.co.jp
英国	www.amazon.co.uk	https：//sellercentral.amazon.co.uk
德国	www.amazon.de	https：//sellercentral.amazon.co.de
法国	www.amazon.fr	https：//sellercentral.amazon.fr
意大利	www.amazon.it	https：//sellercentral.amazon.it
西班牙	www.amazon.es	https：//sellercentral.amazon.es
澳洲	www.amazon.com.au	https：//sellercentral.amazon.com.au
新加坡	www.amazon.sg	https：//sellercentral.amazon.sg
印度	www.amazon.in	https：//sellercentral.amazon.in

附录E 美国分类审核类目

美国站分类审核表

受限商品		需要批准的商品
动物和动物相关商品	开锁和盗窃设备	邮票
汽车用品	医疗器械和配件	硬币收藏品
合成木制品	冒犯性和有争议的商品	视频游戏中关于 Sony PlayStation 的要求
化妆品和护肤/护发用品	其他受限商品	娱乐收藏品
CPAP 清洁和消毒器械	杀虫剂和杀虫剂设备	艺术品
货币、硬币、现金等价物和礼品卡	植物和种子商品	"玩具和游戏"假日销售要求
膳食补充剂	召回的商品	珠宝首饰
药物和药物用具	回收电视/音响类商品	加入亚马逊订阅箱
电视/音响	监控设备	Made in Italy
爆炸物、武器及相关商品	烟草和烟草类商品	音乐和 DVD
出口控制	质保、服务方案、合约和担保	汽车用品和户外动力设备
食品和饮料	即擦即然火柴	服务
危险品		体育收藏品
珠宝首饰和贵重宝石		流媒体播放器
激光商品		视频、DVD 和蓝光光盘
照明灯具		钟表

附录F 亚马逊常用名词解释

1. 亚马逊变体的相关术语

（1）父体（Parent）：产品选项（或子体ASIN）所属的主详情页面，消费者无法购买父体ASIN。父体ASIN应包含该变体组所有ASIN的全部关键产品信息，但不应包含与变体主题、特定GTIN、库存水平或价格等信息。

（2）子体（Child）：子体ASIN是在父体下刊登的可购买ASIN，会在详细页面中显示为可用产品选项（available product options）。

（3）变体主题（Variation Theme）：反映的是同变体组中各个子体的不同之处。不同的产品类别可以有不同的变体主题，部分变体组可以有1到2个变体主题。例如，香味作为一个单一的变体主题，颜色和大小作为一对变体主题。

（4）变体组（Variation Family）：指的是在一个变体主题下的父体ASIN和子体ASIN。

2. 各种码

（1）GCID：如果亚马逊卖家在亚马逊平台进行品牌备案，亚马逊会自动为商品分配一个被称作"全球目录编码"的唯一商品编码，也就是GCID，十六位字符。

（2）SKU：每款产品都有一个SKU，便于电商品牌识别商品，如衣服红色S码是一个SKU，红色M码也是一个SKU。

（3）EAN：EAN码是一种商品用条码，通用于全世界。

（4）UPC：UPC是最早大规模应用的条码，其特性是一种长度固定、连续性的条码，目前主要在美国和加拿大使用，因其应用范围广泛，故又被称万用条码。

（5）ASIN：ASIN是亚马逊商品一个特殊的编码标识，每个商品的都不同。亚马逊随机生成的字母数字组合而成，不需要卖家自行添加。ASIN码相当于一个独特的产品ID，在亚马逊平台上具有唯一性，一个ASIN码对应一个SKU。在平台前端和卖家店铺后台都可以使用ASIN码来查询产品。

3. 运营术语

（1）曝光量：产品被亚马逊系统展示在卖家眼前的次数。

（2）点击量：产品被买家点击的次数。

（3）点击率（CTR）：点击量与曝光量的比值，可以反映出产品跟消费者的匹配程度。

（4）转化率（CVR）：订单量与点击量的比值，可以反映出产品被购买的程度。

（5）客单价：产品的价格。

（6）ACoS：广告的花费与广告的销售额的比值，数字越小越好。

4. 促销类

（1）Amazon Prime：会员服务（$99年费），任何亚马逊自营（sold by Amazon）或者负责物流（fulfilled by Amazon）的商品，无论价格多少，均享受免费两日送达服务。

（2）Coupon：用以享受某种特价或优惠的"折价券"。它出现在一个类别的页面的右上方，点击它可以不仅了解到正在热卖的商品，还可以预测到下一批热销的产品。

（3）Sponsored：亚马逊的产品广告，是依靠关键词的竞价排名，和淘宝直通车、百度竞价等类似。设定关键词，设定价格，关键词被搜索时有机会展现产品，被点击时付费。